打開屬靈的眼睛

內含實際操練步驟
與神國連結

How To See In The Spirit

A practical Guide On Engaging the Spirit Realm
by Michael R. Van Vlymen Chinese Translated by
I-Chen Chan

麥可 凡 菲力門 ‧‧ 著

詹宜真 譯

推薦言

我能明白有很多基督徒會害怕與屬靈屬界有所連結，或者曾被
告知在這世代如果擁有這樣的能力是不好的；但是如果你能明
白這個恩賜背後所賦予重大的意義，你就能拋開恐懼然後專注
尋求什麼是神最重要的旨意了。通常我不是很容易去推薦別人
任何書籍或是
CD，除非我有被這些訊息深深受到影響；而我對這些有關『教
導』屬靈領域的書籍都會特別的小心謹慎，但我必須要說，麥
可寫的這本書的確吸引我的注意力。我很喜愛他在書裏面除了
談到難以想像的超自然屬靈世界之外，他也強調我們要浸泡在
神的話語裡面；因此我們可以在神的話語裡扎根且滿有信心，
這就好像我們的頭在天國但我們雙腳卻能站穩在地球上。

史密斯·維格氏維爾（Smith Wigglesworth）是一位在 1990
年代裡，在超自然屬靈領域上被神大大使用的僕人，他曾經預言
強調在新的世代裡，人們將會經歷屬靈世界的看見，那將是只有
『神的話語和屬靈』充滿的新世代。所以麥可這本書所傳達的信
息剛好正符合這個預言，這本書可以帶給那些渴慕尋求神和想要
與屬靈世界連結的人很多操練方法。我毫無疑惑且真心推薦你一
定要閱讀這本書，我也為你禱告，願你跟我一樣從書裡得到很大
的恩典。我鼓勵你花時間去尋求神，讓祂為你奪回仇敵從你這偷
走屬於你的能力。麥可在書內寫下許多很棒的啟示，千萬不要錯
過……

約翰·史考蘭（John Scotland）

打開屬靈的眼睛

目錄章節

打開屬靈的眼睛
內含有效操練步驟
與神國連結

_____
_____
_____

著者：麥可·凡·菲力門 Michael R. Van Vlymen
譯者：詹宜真
出版社：ReformaZion Media
地址：Braasstraße 30, 31737 Rinteln Germany
電話：(05751)97170
傳真：(05751)97170
E-Mail：info@reformazion.de
網址：www.ReformaZion.de
地址：www.ReformaZion.de

_____
_____
_____

Original title: How To See In The Spirit (A
practical guide on engaging the spirit realm)
Copyright 2013 Michael R. Vlymen All right reserved

書中中文聖經翻譯是依據和合版聖經

作者介紹

麥可·凡·菲力門是一位寫作家也是演講者，他是一位在屬靈裡具有極大熱情，傳揚神所賜給我們超自然世界裡的力量，他教導人們如何能經歷和連結屬靈世界。麥可是一位牧師的兒子，從小就在教會和福音事工裡長大，五歲就受洗，二十多歲時受到聖靈的施洗。在 2009
年，上帝親自教導他有關屬靈世界的景況，打開了麥可屬靈的眼睛。麥可一直希望每一個人都能像他一樣擁有一樣的恩賜，這個恩賜不是只有特定的人才有的，這是屬於所有上帝所愛的孩子們。在他的書裡和他所服事的事工中都致力傳揚這樣的理念。麥可很喜歡到各地去傳揚神給他這美好的旨意，而他的妻子戈爾達和孩子們也一起參與事工且並記錄下上帝所給他們的啟示。

聯繫麥可：

River of Blessing International Ministries

www.riverofblessingsinternationalministries.org

E-mail:
info@riverofblessingsinternationalministries.org

麥可其它的著作：

How to do spiritual warfare
: Workbook（我們近期會推出的工作書）

本書內容介紹：

如果你最近遇上一些難題是你無法用一般的方式解決，屬靈戰爭
是身為一個基督徒必要認識的一個領域。

透過這本書可以讓你一步一步的了解屬靈爭戰，讓你所面對的難
題變得簡單易行。

不要讓敵人有機會破壞你的生命或影響你所愛的人。

Angelic Visitations and Supernatural Encounters
（這是一本紀錄在神帶領下經歷超自然的奇妙經驗）

書本內容介紹：

這本書是記錄有關超自然的經歷、神使者的拜訪，異象，神蹟
奇事和醫治等等的超自然的見證。麥可的願望是透過這些見證
，能夠激勵你去領受神為你所預備的一切！

**麥可的書籍有印刷版和電子版，同時在世界各地都可以透過書
店或網路訂購麥可出版相關的書籍。**

特別獻與

我特別想要將這本書向我的主耶穌基督獻上感謝。謝謝祢為我在十字架上所付出的代價，謝謝祢耐心的教導與帶領讓我能夠認識真理。

我也要特別把這本書向我摯愛的妻子戈爾達（Gordana）獻上感謝；妳給予我的支持、鼓勵和愛是無價的，沒有妳，我是不可能完成這本書的。

感謝

首先我要向親愛的天父、主耶穌基督、聖靈獻上感恩。我也要感謝我的妻子戈爾達（Gordana）、我的兒子馬修（Matthew）和我的女兒安潔莉娜（Angelina）。謝謝你們陪伴我一起經歷這奇妙的旅程。

謝謝我的父母馬芬（Marvin）和凱西（Cathy），他們總是不斷地引導我,教導我來經歷神,讓我深刻的體會出，在我的生命中不能沒有上帝。

另外我還要感謝陪伴我的同工們，謝謝你們的教導，不吝惜的給予，互相扶持分享和持續的為我和我的家人代禱，上帝紀念你們每一位的服事和敬虔的心。

我也要特別感謝以下這些忠心服事神的僕人們所寫的書和所有他們分享的教導，讓我學習到很多寶貴的經驗和得到來自神的祝福：

巴比·康納（Bobby Conner）、蓋瑞·蓋茲（Gary Gates）、巴柏、瓊斯（Bob Jones）、（Joshua Mills）、大衛·霍甘（David Hogan）、喬伊·霍甘（Joe D. Hogan）、麥海士（Mahesh Chavda）、金·賽特勒斯（Kim Settles）、傑夫·詹森（Jeff Jansen）、比爾·強生（Bill Johnson）、威廉·哈特（Will Hart）、柯蘭迪（Randy Clark）、辛班尼（Benny Hinn）、萊斯特·薩姆拉爾博士（Dr. Lester Sumrall）、芬恩·華立（Win Worley）、梅爾·龐德（Mel Bond）、布魯斯·艾倫博士（Dr. Bruce Allen）、錫德·羅斯（Sid Roth）、派翠絲·金（Patricia King）、林·派克（Lyn Packer）、保羅·基斯·大衛（Paul Keith David）、約翰·彼特（John Belt）、奈維爾·強生（Neville Johnson）、孫大信（Sadhu Sundar Selvaraj）、克李·布拉克（Curry Blake）、艾默森·菲爾

（Emerson Ferrell）、安娜．麥德斯．菲爾（Ana Mendez Ferrell）、傑米·蓋洛威（Jamie Galloway）、約翰·保羅·傑克森（John Paul Jackson）、約翰·芬恩（John Fenn）、凱西·瓦特斯（Kathie Walters）和史蒂芬·布魯克斯（Steven Brooks）。

最後我要感謝在身邊支持我的朋友們和與我一起服事的同工們；還有神差派的使者們，他們總是堅守上帝給他們的任務，隨時在我們身邊服侍我們、保護我們。

引言

在 2009
年，上帝逐漸打開了我屬靈的眼睛，在這段時間裡，在我的夢境
、異象和探訪的事工裡經歷了屬靈超自然的體驗，透過這幾次的
經驗，我學到屬靈裡洞察力的強弱可以驅使人更接近神或是遠離
神。再者，在經過這麼多豐富的超自然經歷裡，也讓我的基督徒
生活更加有熱情和深度，這是我過去從未想像過的。我也從來沒
有經歷過神在我的屬靈生命和信仰生活中有這麼振奮人心的轉變
。在經歷過屬靈眼睛被開啟之後的信仰生活更超過我的想像，因
此燃燒起我的屬靈生命。就因為我的生命經歷這麼大的轉變，所
以我很願意跟每一個人分享我的經歷。我樂於與你們分享，神如
何打開我屬靈眼睛？我們要如何開啟這樣的恩典來經歷屬靈超自
然的作為。

我了解我們當中有很多人內心很渴慕尋求神，想更多認識這一
位神，渴望與神的關係更親近、更深入，更多尋求瞭解神的旨
意。

其實我很早就有個想法，我要把神帶領我經歷過的體驗和啟示
記錄下來。所以在過去四年裡一直不停的在我屬靈日記裡記錄
這些經歷。在   2012
年時，我詢問神，這些紀錄只是我自己私人留做紀念的？還是
神對這些紀錄有更大更美好的旨意要我去進行？

過了幾週之後，我有一位朋友邀請我去參加宣教事工的特會，這
個事工單位是來自俄亥俄州(Ohio)達頓城市(Dayton)。當天我被
爾特·麥奎爾(Art McGuire)傳道所傳講的道深深的感動。

在講道結束後，我走到麥奎爾傳道面前，我跟他分享我感受到
上帝透過他的信息對我說話，我詢問他：「您好，不好意思打
擾你，我的靈今晚很深的被你所講的道所澆灌，不知道你可否
為我禱告？」

麥奎爾傳道聽完我的要求後，二話不說地為我按手禱告，他禱告的內容是：「拿起筆寫吧！寫吧！盡情地寫，挪去所有你書桌上的雜物，把聖經和筆記本拿出來，然後寫吧！」

神透過他的禱告回應我幾週前詢問神的問題，我的心被震撼到。神很奇妙地在這特殊的場合回答了我的問題，我的心已經沒有任何的疑惑，我專心的完成神給我的任務。

這本書是獻給你們每一位，讓你們經歷屬靈那看不見的超自然作為和天國的奇蹟！

第一章
連結屬天的力量

在你開始預備這段超自然的旅程前。你必須要明白上帝與你同在，祂從來不吝惜給你最好的。

我在這過程學到最重要的一件事是---
當你準備好了，神會很快的帶領你進入祂的領域裡面。老實說，一年前當我從巴比·康納(Bobby   Conner)聽到這個簡單的做法時，我是抱著懷疑的心。我想，不可能這麼容易吧！應該是要投入更多努力，然後我們要學習如何更加順服神，因此神才會給我們超自然的力量和恩賜。

我無法明白巴比所說的那句話，所以我一直不斷尋求真理。突然間，我意識到，神並沒有想把事情複雜化，反而是很簡單的方式向我們展現。簡單到連一個孩子都能經歷超自然的美好。

事實上，你要明白，神的使者們並沒有刻意躲藏你，耶穌也並沒有離你很遙遠，讓你尋找不著。

你的生命是緊密地與上帝的國連結在一起。上帝一直參與你人生各項的轉變，祂不斷地陪在你身邊，祂要賜下祂的話語給你，開啟你屬靈的眼睛，打開你的耳朵讓你聽見祂的聲音。

我所傳達的並不是空穴來風的信息，上帝真的希望能夠與你建立良好的關係。天上的天使天軍正等著為你服侍，他們不斷的提醒我們，我們是屬於天國的一員，這是我們在開始經歷這超自然旅程前一定要牢牢記住的！

神是我的拯救

神是我的力量源頭，我要與我的神連結在一起，因為祂是

我的拯救者也是復活的神。這基礎的真理必須扎根在你靈裡面。當你受洗重生的那一刻，你的靈裡已經決定追隨這個真理。

當然我能明白，有人會質疑，在世上有很多不接受耶穌是他們救主的人也宣稱他們能經歷很多超自然的經驗，然而他們所接受的是所謂『新世紀』（New Age）學說的教導。但是聖經對這些不正確的教導早已向世人提出了警告：

我實實在在地告訴你們，人進羊圈，不從門進去，倒從別處爬進去，那人就是賊，就是強盜。
約翰福音 10：1

新世紀學說

這世代有很多人透過新世紀的學說去經歷超自然的行為。也許他們當中有人有從神賜給屬靈的特別恩賜，但跟隨這些新世紀學說的人卻不明白這些恩賜的意義和如何正確使用這些神賦予的能力。而這些新世紀追隨者又會問，為什麼我經歷超自然卻得要接受你們傳統教派法規？這個答案是：當耶穌來到這世界上並沒有宣告：我是來創立新的信仰，或是創立新的宗教法規。相反的；耶穌來了是告訴我們『天國近了！』接著耶穌用祂所做的神蹟奇事向我們證明祂所傳講的道是真的，祂也告訴祂的跟隨者把同樣的信息傳揚出去。

如果你曾經被其他基督徒灌輸信靠基督只是個傳統教派的思想，這讓我為你感到抱歉。然而唯一的真理只有你願意接受耶穌基督成為你生命的救主，你才有機會經歷真正的超自然作為和在水面上行走的神蹟。世上沒有任何神蹟奇事能比上耶穌所做的。祂賜給你是一顆飢渴慕義的心緊緊地跟隨祂。

總而言之，我建議你「**要嘗嘗主恩的滋味，便知道他是美善**」（詩篇 34：8）

，按著經上所說的向我們的救主耶穌基督禱告，你就能經歷祂所說的是否是真理了！

我們在上帝的保護下得到真正的平安和追隨祂的信心。我們擁有主耶穌基督所賦予的權柄。這份恩典是來自屬天的力量，這個力量保護我們的安全，賜下無比的平安和挪走我們的重擔。然而不是基督徒的人無法享受這樣權柄遮蓋。我認識很多這樣的人，他們的生命仍然活在恐懼和憂慮中，導致這樣的結果就是因為他們屬靈環境出了問題。這些人他們所謂在靈裡的看見多半是被恐懼所包圍的。就好比酗酒或吸毒的人所看見的幻象一樣。甚至我們所知道患有某些精神疾病的人也會有些超自然的幻象。這樣的人靈裡是沒有耶穌基督的保護，也把自己的靈暴露在危險的環境中。這是非常冒險的行為。

如果你想要在屬靈裡有超自然的看見，但是你目前還沒接受耶穌基督成為你生命的救主，我想要邀請你跟我做一個禱告：

親愛的主耶穌，謝謝祢為我的罪死在十字架上，祢已經為我的罪付上代價。我知道我有罪得罪了祢，求祢赦免我。我願意打開我的心門接受耶穌基督做我生命的救主和生命的主，奉耶穌基督的名禱告，阿門。

在做完這個決志禱告之後，你在耶穌基督裡已經是新造的人了。我知道這方式聽起來很簡單，然而這一切的救恩都是神所精心安排的，祂要確保每一個人都可以得到這樣的拯救。

上帝的話語

一個基督徒最重要的生活就是熟讀神的話語。認識神的話語對我們屬靈的成長是非常重要的。

神的話語保守我們的心和靈

神的道是活潑的，是有功效的，比一切兩刃的劍更快，甚至魂與靈，骨節與骨髓，都能刺入、剖開，連心中的思念和主意都

能辨明。
希伯來書 4：12

屬神的人都希望能夠更多在靈裡遇見神。但是你的心和靈必須相連在一起，並且將主權交給神。如果你在心裡面有創傷未受到醫治，這樣的傷害會將你的心拉進這個世界而因此遠離了神。

總要警醒禱告，免得入了迷惑.，你們心靈固然願意，肉體卻軟弱了。
馬可福音 14：38

對於很多人來說，包括我也是一樣，常常會這樣想；我知道禱告非常重要，但是我最近就是很累呀！這時你會聽見聖靈跟你說：『跪在床邊禱告！』，但是你的心會跟你說：『算了吧！還是上床睡覺吧！』

就連跟隨耶穌的門徒都會有這樣的軟弱，所以耶穌會這樣的斥責：

來到門徒那裏，見他們睡著了，就對彼得說：怎麼樣？你們不能同我警醒片時嗎？
馬太福音 26：40

然而神的話語是大有能力可以戰勝這個軟弱，當你越多熟讀神的話，然後默想祂的話。這樣可以完全打破肉體的軟弱所造成靈裡的影響。當你的靈被充滿時，聖靈就會完全接管你的心。另外讀神話更大的好處是，當你被罪和誘惑所吸引時，你的心不會牽著走，你的靈會告訴你必須要快速遠離試探。我們的心和肉體常常會暴露在試探中，但我們的靈卻會立刻意識到危險，而會引導你做出最正確的
決定。

當你越多熟讀神的話時，你的靈就越不會被你的心和肉體的軟弱所影響。神話語的大能會挪走遮蓋在你屬靈眼睛的帕子。

神的話語洗淨你屬靈的眼睛

……要用水藉著道把教會洗淨，成為聖潔
以弗所書 5: 26

這段的經文上下文還有蘊含其它的隱喻在，然而這段經文要傳達一個很重要的信息是：神的話語有潔淨和去除罪性的大能。今天早晨我正在禱告等候神的時候，神的使者讓我看見了一個現今的景況，那就是社會上所充斥無神論的信念和價值觀，嚴重汙染且遮蔽了我們屬靈的眼睛。

奇妙的拜訪

有一日的早晨，大約在清晨兩點的時候我正在禱告和等候神。那就是僅僅是一個安靜等待神回應的時間。突然在我距離我不遠的地方看見了神差派來的使者。看起來好像要往前面方向離開，但我呼喊他過來，他聽見我向他祈求。

他真的朝我這邊過來，而且還問我：我能為你做什麼嗎？我說：「我想要打開屬靈的眼睛，讓我能夠有更多在屬靈上有超自然的經歷」。我話一說完，他的眼睛看起來受傷而且流血的樣子。我問他：「你的眼睛發生了什麼事？」瞬時間他的眼睛上的傷口和血消失而恢復正常。然後天使對我說：「你的眼睛堆積了許多汙穢，你常年在靈裡看見的都只是陰影，但是主耶穌基督可以醫治你。」他說完話就從我眼前消失了。

干擾

我們常常關注一些無關緊要不屬神的信息，汙染我們屬靈

的眼睛使我們的注意力從神身上轉移。而神的話語可以潔淨我們的眼睛，清除這些屬靈的干擾。在經過這樣的潔淨，我們又可以再次打開屬靈的眼睛。這些干擾有時是從生活中大大小小的事而來，蒙蔽了我們的眼睛。什麼是屬靈的干擾？這些干擾阻擋我們對屬靈的經歷，而把我們的注意力集中在無關緊要的問題上。

剛開始當神引導我操練屬靈的看見時，我常常花很長的時間設法在靈裡面可以看見些甚麼。我發現對我來說，這樣的操練適合在安靜的深夜或是清晨來做。

有一天的夜晚，我靜靜地躺在床上。在昏暗的房間裡我注視著天花板；雖然看不清楚房間的擺設，但又不致於跌倒（例如櫃子和衣櫥的位子）。

這樣大約過了 30
分鐘，我觀察到周圍有些不同的變化。你也許會覺得是光線錯覺造成的影像或是視覺的錯亂。（這些現象是你現在要學會分辨）

我注意到我的左側有一些閃爍的光線，在我的右側有東西正在移動，陸陸續續有不同的顏色在我面前閃過。但並不能夠看的很清楚。

這時我是用一種很放鬆的態度注視著身旁的變化，有時可以看得很清楚但是這個現象一下又消失了，我心情也跟著起起伏伏。雖然看見身旁的變化很振奮，但我渴慕可以看得更清楚。

過了一會，我問我自己，「為什麼我不能看得更清楚？？」不到兩秒鐘，有個意念告訴我：「這是因為你注意力被干擾了！」我被這突然來的解答所震驚。
我想起之前神的使者給我的答案是正確的，我屬靈的眼睛被干擾了。雖然我很努力要從屬靈裡去經歷超自然，但是我看了半天都是用我肉體的眼睛去看。而這樣的方法是不正確的。

神的話語勝過干擾

我們生活在一個屬世的世界，當我們遇到一些問題和挑戰時，我們用我們既有的觀念去思考。大部分的人都是這樣做去做的，但是這些屬世的觀念不應該成為屬靈干擾。雖然我們會去注意屬世上的變化但我們屬靈裡仍舊可以與上帝連結。我們可以透過默想神的話語或是『操練與神同在』。(參考一位已故弟兄羅倫斯所說的話 Lawrence 1614-1691)

這個操練很容易做，我們只要把我們的注意力放在神的話語裡或是放在永活真神耶穌基督身上。每當我們意識到我們的焦點又遠離神的時候，要趕緊把焦點轉回來。

以我自身的經驗來說，每當我很專心的與某位朋友說話時，我是能清楚感受到耶穌基督與我們同在。這個感覺就像是有一個人一直站在我們身邊聽著我們的對話，即使祂沒有參與我們的對話。

你也可以選擇聖經中的一段經文，花一天的時間去默想。將我們注意力都放在這段經文上面，即使我們可能會分心處理其他事情，但你可以利用這段經文很快的把你的注意力再次拉回到神身上。你不需要太苛責自己。只要常常操練就可以養成很好的習慣了。

神的話語是你的寶劍

聖經上說神的話是我們屬靈的寶劍。因為神的話是大有能力，他可以斬斷所有攔阻。神的話是強大的武器。

你的屬靈眼睛被開啟時，你會看見屬靈的世界不是你所想像的樣子。這個時候神的話語成為你的保護、遮蓋、盾牌和供應。

我想你已經意識到我們生活的世界被撒旦佔據，但有天使正圍繞在我們身旁。我建議你，在你屬靈眼睛被開啟前，要為自己穿上全副的軍裝，用神的話當作寶劍來保護自己。

你記住，你並不是處於一個與黑暗權勢對抗的狀態。聖經裡告訴我們。我們有神所賜給我們的權柄已經勝過了這世界。

你也不用心生恐懼就如同傑米·蓋洛威（Jamie Galloway），來自美國威徹斯特 East Gate 教會牧師所說：

『你不須要懼怕擔憂，因為天父給你的是滿滿的愛。你要個麵包，祂不會給你一顆石頭。你要一條魚，祂不會給你一隻蠍子。當然你必須也為自己的生活負責。我所描述的是屬靈的恩典，在你進入神的國時，你就會明白這份愛。』

我們都讀過耶穌在曠野時受到撒旦利用這個世界的權勢來引誘耶穌，但耶穌的回答開頭第一句總是說：『經上記著說……』（馬太福音 4:1-11）。

受洗

但聖靈降臨在你們身上，你們就必得著能力，並要在耶路撒冷、猶太全地，和撒馬利亞，直到地極，做我的見證。

使徒行傳 1:8

聖靈的澆灌強化了我們基督徒的生命。他賜給我們許多恩賜，讓我們能多結果子，領受基督的啟示，引導我們明白一切的真理，這裡也包括靈裡的看見。

每當我們提到有關肉眼看不見的屬靈世界時，有時候我們不知道用怎樣的禱告才能夠堅持下去。雖然有時候我們不會禱

告，但聖靈會代替我們禱告，請停止所有的疑惑，打開你的口，讓聖靈帶著你用方言禱告祈求。（約翰福音 16：13）

也許你看不見聖靈所看見的，但你要全然把自己交託在祂的手中，聖靈就會帶著你祈求禱告神，用祂的旨意和心意成就在你的身上。

而且有時候聖靈也會藉著禱告光照我們生命中那些顯而未見的罪和老我，這些都會遮蔽我們屬靈的眼睛，所以當聖靈提醒我們這些問題時，我們要立即警醒並悔改。

享受聖靈的澆灌是我們基督徒特有的恩典。如果你還沒有接受過聖靈的澆灌，你得求上帝賜予你聖靈的施洗。如果你禱告祈求之後還是沒有受到聖靈的澆灌，你需要回到你的教會，請有聖靈施洗恩賜的肢體們為你禱告，帶領你領受聖靈的澆灌。

也許你認為經歷超自然不需要特別受到聖靈的施洗。但對有基督信仰生活的人來說，聖靈的同在是我們人生旅程非常重要的事情。

受洗帶來得勝的生活

幾年以前，我幫一位弟兄禱告，他生命裡有很多的問題，這也導致他的行為也有些古怪。聖靈帶領我用方言為他禱告；過不了幾分鐘，他身上邪惡的靈開始浮現出來，然後藉著他的口說話。

有聖靈同在的力量可以讓邪靈顯明出自己《註一》，幫助受困的弟兄姊妹們可以脫離被邪靈壓制的痛苦。有時候你會經歷許多你從來未見過的事情，你可能不知道怎麼處理。這時禱告祈求聖靈的指引總是最安全的方式了。

註一：邪靈顯明的方式有很多種狀況，請向你所屬的教會尋求協助與諮詢。

第二章
聰明與智慧

聖經常告訴我們敬畏耶和華是智慧的開端。

智慧為首；所以，要得智慧。在你一切所得之內必得聰明。箴言 4：7

你可以從那些在屬靈裡具有恩賜且又有智慧的肢體們得到你想要的答案，你也渴望你的屬靈生命跟他們一樣。你開始遵循所有的步驟，這些步驟使你能夠讓你的腦子理解而達到你的目標；但是，如果你缺乏智慧的理解力，你會覺得你白忙了一場。

也許這個說法對你來說一點都說不通。當然，你可以繼續用你所理解的步驟繼續實行下去。以前我也實行過這個方法。每當我打開書，我會去翻到講解執行步驟的那些文章，很快地看過書上所說的方法，我想盡快實行然後期待產生美好的效果。

在書上都會教導我們從生活中學習，然後我們就能從我們所經歷的得著聰明。但我無法體會書上說，我們生活的環境會幫助我們造就聰明的話語和想法。我真希望你比我更聰明可以明白這樣的說法；後來我終於明白，我們必須要有真正的智慧去理解書中所說這些步驟的意義，這樣我們才能去得到這樣的體驗。讓我來舉一些例子讓你更明白。

我的書到底是要闡述些什麼？

當我開始尋求上帝打開我的屬靈的眼睛時，我在坊間尋找了很多相關的書籍和方法幫助我達成我的目標，然而我失望的發現並不是每個作者都能對『屬靈的看見』這個問題持有相同的方法。但我注意到這些書裡的教導還是有些相同之處。

每當我找到一些我想學習的書是有關屬靈看見的教導時，我會發現幾乎有五十幾本書（都是跟如何打開你屬靈的眼睛，或是如何在屬靈裡真正的看見等等……）在教導如何喚醒屬靈的眼睛，但是所有的方式都非常不同。

我會常常會跑去基督書店。特意走到有關談到屬靈有關的書籍前面，那些書名例如：看見那未知的世界、當你開啟屬靈眼睛、靈裡看見、靈裡的洞察力等等……，而這些書都教導如何去明白聖經裡神所說的話語，怎樣去從神的話語裡面得著聰明智慧。

這些答案讓我感到有些失望，不是說這些書寫的不夠好，而是我原本被這書的書名所吸引，我以為可以快速找到我要的答案。這就是我們常會遇到的問題，當你想要用常理的理解力去解釋超自然的事時，常常會越解釋越不清楚，這是很讓人沮喪的。

同樣的，有時我尋找有關天使的書籍時，我找到的書名會是『你人生中的天使』，而這卻是一本兒童故事書，或是『歡樂天使』這是一本教人如何舉辦派對和遊戲的書籍。這些書跟我要找的有關天使的信息一點關係都沒有。

詢問神，你必會得到答案

在這段經歷超自然的旅程中，如果你有任何疑惑你一定要不恥下問。因為如果你心中還未興起一股強大的屬靈氛圍，感受自己已被神的超自然作為所環繞的話，你就很像在玩捉迷藏遊戲一樣，一直尋找不到神。

從神身上得到聰明和智慧可以建立屬靈的敏銳度，同時也能找到適當的方式來與神連結，這比尋找相關書籍重要多了。

等候，我再說要等候神

我聽到一些有屬靈看見恩賜的肢體們常分享說：『你們要等候神』，當你等候神時，你就是把自己交給神，等候神的回應。

這樣的要求對我來說是很合理的。我生長在一個福音教會，我從小就學習到等候神的重要。我記得每次主日，我們都會有一段等候神的時間。

這段等候神的時間通常是在主日信息結束之後，牧師會做一個呼召的禱告。當牧師在做呼召的禱告時，就會有人走向前尋求神的救恩或從神而來得話語。

當牧師結束禱告時，他會說：『讓我們一起安靜等候神』。這時司琴會彈很輕的敬拜音樂。等候神的時間通常是二到五分鐘而已，然後整個主日就結束了，這是我過去所體驗到的。

我知道這短短等候神的時間聽起來有點荒妙。一個月前我也聽見有人在闡述同樣的經歷；那時我在一個禱告會中，有同工正在為一位會友做醫治禱告，也才過了短短二分鐘而已，後面就有人很不耐煩地說：『如果神要醫治，祂早就醫治好了！怎麼需要這麼久！』

我沒辦法反駁那位會友所說的話，因為以前的我也是這樣認為。當你從未被教導正確等候神的觀念時，你怎麼知道要等候神多久呢？

什麼是敬拜？

我想舉用以下列的例子來說明什麼是敬拜：

我曾經聽一位先知開玩笑的說，有些人認為讚美神時要用三

首快歌，而敬拜時要用三首慢歌來敬拜神。也許你有曾經聽過類似的規則；我們常常被自己所定的規則所限制住，我們擔心如果聖靈想要在敬拜的過程有所啟示的話，這樣會破壞我們敬拜得流程。

我跟你分享一個事實，當我們在教會裡聚集一起來敬拜神的時候，神的同在，聖靈充滿就會在敬拜過成中醫治很多的人。

我曾經在一場敬拜中親身經歷神超自然的作為。在那場敬拜中，聖靈充滿的氛圍裡，每個人高舉雙手敬拜耶穌，當時有人發現有細碎寶石在手中。

你必須去體會明白，當有屬靈的同伴告訴你，你要花時間多等候神、更多禱告和更多敬拜。你可以詢問他們為什麼會這樣告訴你，詢問他們的經歷，這樣你會有更多的體驗和了解。

你請他們給你一些時間向你說明分享他們的經歷，如果你不多詢問的話，你會浪費很多時間做白工。如果你真的很渴慕經歷屬靈的眼睛被開啟，有些事你必須去遵守。很重要的就是邀請聖靈成為你的指引。如果有聖靈的帶領，你就不會一直繞圈子而找不到方向。

聖靈會做一些超過你能想像的事情。有時候祂會帶著你經歷一些超自然的事，然後才會告訴你發生這些事情的原因。也有的時候祂先教導你明白一些道理然後再帶你經歷這些超自然的事，最後你靈裡會明白聖靈祂透過這件事來教導你什麼。讓我舉一些實際的例子來告訴你怎樣運用在生活中，讓我們開始從最基本的做起。

追尋智慧就是你會不停地詢問那些有智慧的人，你既然想成為跟他們一樣的人，你得不斷的詢問直到你明白為止。而聖靈會幫助我們尋找到真正的智慧與聰明。

而什麼行為不是智慧之舉？就是聽信那些一點都沒有要渴慕追求神和神恩賜的人，他們會這樣告訴你；「神如果要賜給你恩賜，那他早就給你了！」這些諫言並不是智慧的話語。千萬不要與那些常否定或詆毀神行超自然作為的人在一起。他們所說的會影響到你屬靈的氛圍。他們也會消滅你渴慕尋求走在神的道路上的決心，懷疑與不信是你最大的敵人。比爾·強生 (Bill Johnson) 牧師曾這樣說過，那些不信神會行超自然的作為的人是『不信的信徒』！

如果你愛這些人，你可以為他們禱告，甚至可以與他們一同禱告，但是你的靈千萬別吸收他們的話語。我並不是說這些人是不愛神的，我只能說他們還未準備好打開自己的心來接受這樣的啟示。

有很多人之前從未相信神醫治的大能，直到他們身邊所愛的人需要得到神的醫治，上帝永遠是憐憫的神，當我們真正願意回頭尋求祂時，祂總是在那裏與我們相遇。

進入天國的鑰匙

我們所經歷的任何一件事都跟基督耶穌有關，這些包括你被神所恩膏的、身上賦予的恩賜、神蹟奇事、醫治、被聖靈的充滿、有天使的服侍和屬天的際遇等等，這些經歷都是你跟耶穌在關係上的連結。耶穌是生命的源頭，祂是你連結天國的鑰匙。

與耶穌緊密連結

明白與耶穌建立緊密的關係是你與天國連結很重要的方向。但我們要將我們的心和靈放在神旨意身上。

沒錯，神蹟奇事很吸引人，病得醫治也是很令人振奮的事，

可以看見超自然的事情發生也是超過我們能夠想像的，能夠看見天使在我們身旁穿梭著也是受祝福的一件事。這些美妙的事都很難用言語去描述，但是不管我們理由是什麼，我們不能只是一心追求這些神蹟奇事的事情發生。我承認，我也想為病人按手禱告，親眼看見他們立刻得醫治；我也想更多經歷神蹟奇事，我也想要看見那些別人看不到的屬靈世界；我也想要常常看見天使們在我身旁走動。但是這些事情的發生前提是我們跟神關係的建立。

神在帶領我經歷屬靈看見的同時也教導我修正自己的眼光，我發現我自己常常沉浸在那超自然的經歷裡，而忘記這些恩典都是神給我的，我把目光從神身上挪開了。

每個人都想與有錢的孩子做『朋友』

有一天，聖靈給我一個啟示，祂用了個例子教導我；小時候每個人都很想跟社區裡最有錢的孩子做朋友。我們常常也在電視或電影情節看到類似的故事。

孩子們想要跟有錢的孩子做朋友，並不是因為真心想跟有錢的孩子當好朋友；大家只不過想要去那有錢孩子家裡的游泳池游泳，可以玩盡所有好玩的玩具還有吃不完的美食。而這有錢的孩子到頭來才會發現其實沒有一個人是真心想要跟他做朋友。他只是被大家所利用而已。這就像有些人對你好是因為他只不過想在夏天時跟你借借你的遊艇玩玩而已。

上帝用這例子教導我，我和祂的關係就是這樣，我也只是想跟祂借借遊艇來把玩一下。我突然為著我這樣的心態有了罪惡感。沒錯，我渴慕追求這些屬靈的看見、看見天使、看見異象、經歷神蹟奇事還有所有超自然的恩典；但是我卻不注重建立我與上帝真正的關係。

上帝又告訴我，祂並不介意借我祂的遊艇來玩玩；然而祂

更渴慕能與我一起同工！祂說，祂歡迎我進入祂的殿裡來尋求祂，花時間與祂相處，而不是為了從祂身上得到某種力量而來找祂。

你們要先求他的國和他的義，這些東西都要加給你們了。馬太福音 6：33

你要隨時注意自己的心思意念，因為你很可能是為魔鬼打開一扇門。魔鬼很樂意帶你去經歷另一個沒有耶穌陪伴或不與耶穌建立關係的黑暗屬靈世界。天使曾經跟我說過，錯誤的心思意念就打開了黑暗世界的門。

耶穌對我說：麥克，你的飛行被取消

接下來我將要跟你分享一些我從錯誤中所學習到的寶貴經驗，這些都是我親身經歷的故事。在剛開始我很渴慕追求一些超自然的體驗時，我認知到只要有完全的專注力和渴慕，在我們看不見的屬靈空間裡甚麼事情都可以辦到。因為在屬靈空間裡，可以拿掉我們被肉體所限制住的自由。

我發現我的靈可以在屬靈空間裡到處飛行，而我真的很熱愛這種飛行的感覺。

事實上，這種在屬靈空間飛行的感覺成為我目的，不管是我「不小心」或是「刻意」進入這種飛行狀態，我都很享受的讓自己隨處亂飛。我並沒有讓自己進入禱告或是敬拜讚美神，我也沒有去尋找神到底在哪裡而去跟隨祂。我就是一直隨意亂飛。

天使的阻擾

有一天，我安靜的躺在床上，試圖讓我自己又進入那未知

的空間裡。我甩開在我意念裡所有屬世的雜念，然後開始專注地把自己的焦點移到屬靈的空間裡。

過不了多久，大約三十分鐘不到，同樣的事發生了；我看見我的靈離開了我的身體即將要進入那屬靈空間。我的靈坐在床角邊，我很興奮因為我知道我即將又要飛行了。

突然之間，神的使者闖進我的房間。他身上穿滿著軍裝好像要去打戰一樣。我可以感受他的嚴厲的氣息。我馬上被他所散發出的氣息所驚嚇到，我感覺他充滿憤怒地看著我。當我與他的眼睛對看的時候，我馬上被他的神情所吸住，接著他用一種充滿權威性的口吻對我說：

立刻停止追尋屬靈空間帶給你的快樂，你正在為邪惡世界打開一扇門！！

他說完之後就立刻離開了。但是我感覺好像被龍捲風襲擊一樣的震撼，也許神的使者的介入只有幾秒鐘許久；但是他身上帶著上帝賦予給他的權柄，那種力量好像被龍捲襲擊一樣強烈。

我知道上帝祂親自糾正我，而我也在祂面前認罪悔改。我並不是說屬靈世界是多麼恐怖，能經歷屬靈世界的確是令人渴慕，但是前提是你必須把上帝擺在第一位，你必須與上帝建立親密關係。

第三章

屬靈世界

屬靈的世界超越我們現在所生活的空間，而看的見的事物是從看不見的事物被造的。

我們因著信，就知道諸世界是藉
神話造成的；這樣，所看見的，並不是從顯然之物造出來的。

希伯來書 11：3

這觀點的確讓人想不通，我們所能看見這些硬邦邦的東西卻是從沒看見而來的？但是看不見的並不代表它是不存在。在你未經歷過屬靈世界的狀況時，那是很難用屬世的方式來說明的。除非你已經經歷過，你就會完全了解屬靈的世界是怎麼一回事。

同時，我們必須知道，我們的確生活在兩個世界裏面。不管我們到底對另一邊熟不熟悉，這是存在的事實。聖經上所記載……**我們與基督耶穌一同復活，一同坐在天上**（以弗所書 2：6）。我們必須從另一個更深的角度去理解這段經文蘊含的意義。我們要用超自然的認知去理解超自然的事。

屬靈的世界比我們生活的屬世世界還要真實，因為屬世是短暫的、飛逝的且是會衰敗的。

屬靈國度的連結

你與我的生活中，不管是白天還是晚上都與屬靈世界緊密連結的。每當你禱告、敬拜、包括你的心思意念和默想都與屬靈世界緊緊連結。所以聖經上才會教導我們要警醒我們生活裡

的每個心思意念。

……各樣的計謀…… 哥林多後書 10：5

所以要約束你們的心，謹慎自守……彼得前書 1：13

我們的心思意念是與屬靈世界溝通的橋樑。所以我們常說；聆聽聖靈的話語可以幫助我們，而聽取魔鬼的話語則帶來敗壞和災禍。

當你被魔鬼的話語所引誘時，這並不是偶然發生的事。這表示魔鬼常常透過你的心思意念來對你說話，通常他們會用『第一人稱』的方式與你對話。

我來舉些例子說明，有時候我們會突然有個意念，「我覺得一點都不喜歡這樣做……」。當你意識到這不是來自於神而又負面的想法時，你會斥責這個惡靈離開你。但是很多時候因為我們『看不到』這個惡靈的存在，同時又分辨不出來是不是來自於神時，我們接受了這個心思意念成為我自己的想法。如此我們反而把神的聲音都推到九霄雲外了，同時也會接受一些屬世的聲音。

所以每當我們禱告時，我們就自動與屬靈世界有連結；這時我們要宣告耶穌基督在此掌權，因為祂的權柄勝過天也勝過地。

當我們越多經歷或看見屬靈世界時，我們必須要隨時警醒，有很多事正在發生即使我們看不見。

同時我們可以訓練我們的感官。大部分的人都不會這樣做，但我們必須有意識的警醒和注意我們身邊所發生的狀況。當我們這樣操練時，你會發現原來我們生活中所看見的世界是如此的短暫和脆弱。我們會真正看清楚我們只不過是活在有形物質

的世界而已。

活在屬靈世界裡

在屬靈世界裡，你會遇到很多你所不了解的事物存在。包括存在有很多不同性質服役的靈、有些我們沒看過的活物、聖人、穿著白衣的人、先知和比雲彩還多的見證人。

我曾經也看過，即使在我們的世界中是一些硬邦邦的物體；但是在屬靈的國度裡，這些都是活生生有生命氣息的活物。每個創造物都活在屬天的國度裡，即使只是一個石頭，這些活物都能一起讚美敬拜神的美好。

也許這對你來說無法理解，但這卻是再真實也不過了，這就存在神屬天的國度裡。

黑暗的勢力

另外一方面當然有一些黑暗魔鬼的勢力存在屬靈的世界裡。老實說，我並不完全了解或是能與你詳細解釋所有黑暗勢力的東西，但是我知道這些都是不好的。還好我們有聖靈的保護和啟示讓我們足以分辨哪些不是來自於神的。

其實有些魔鬼不是我們想像中長的齜牙裂嘴最可怕的模樣，有些魔鬼是我們很常見到的或是有些也是長的特別美麗的。但是當這些人出現在我眼前時，我卻能看見他們內心有個被折磨許久的靈魂。

這些人就像是巫師或是行法術的那些人，他們可以隨意使用屬靈世界的力量去為所欲為但卻永遠得不到屬天的祝福。

屬靈領域

我曾經看過和經歷過一些屬於邪靈的領域，比如一些黑暗勢力綑綁的領域，例如監獄牢房和監獄裡黑暗的地方。在詩篇裡，大衛提到過類似的領域。除非你親身經歷過這些經驗，否則你會以為這些爭戰是大衛自己在低谷時，想像力太豐富所營造出來的狀況。

求你領我出離被囚之地，我好稱讚你的名。義人必環繞我，因為你是用厚恩待我。

詩篇 142：7

很久以前我曾經歷過這些屬靈被綑綁的爭戰，但我卻不理解任何有關這領域的事。過了許多年，上帝引領我讀到一本是由安娜·麥德斯·菲爾（Ana Mendez Ferrell）所著作的書『屬靈綑綁禁區』（Regions of captivity），她詳細解釋了所有屬靈世界黑暗面的事物，完全符合我之前所經歷過的事。我很推薦這本書，尤其是如果你是從事醫治釋放事工的人更要讀這本書。

走出靈裡黑暗的監牢

我第一次經歷自己從屬靈裡綑綁中走出來是神帶給我很大的啟示和釋放。接下來我就要與你分享一些我寶貴的經歷：

從前有一段時間，也許比我想像中超過一年還要久，我感覺我心靈上跟我的太太和女兒有很大的隔閡和距離，我無法解釋為什麼我會有這樣的感受。

我非常的愛她們，我也很想跟她們有更多親密的互動和交流。但是在我心裡深處就是有個冷漠的心控制著我。這個力量讓我無法跟我所愛的家人有親密的關係。

有一天晚上，我在半夜裡驚醒；我發現我坐在一個狹窄的

牢房裡。我想要說明的是，這並不是單純的噩夢，我意識很清醒的。在牢房裡的門閂和門突然燃起熊熊烈火，牢房裡的鐵柱都燃起火來，頓時我感覺到無比恐懼，但我心中有個來自神的意念告訴我要用耶穌基督的聖名來宣告，挪走恐懼。

當我站在熊熊烈火的牢門前時，我兩次用力的衝撞牢門，好像我手中有寶劍一樣沒有任何懼怕。我也兩次大聲的宣告『我奉耶穌基督的名命令牢門倒下！』牢門真的在我面前倒下，我走在又深又長的長廊裡，穿過許多不同的門，終於看見了光。我立刻看到我親愛的太太和女兒在前方迎接我，她們的臉上閃耀著美麗的榮光。

隔天，我可以明顯感覺到我可以拉近跟她們的關係。我心中可以感受到她們給我無比的溫暖和愛，而我也敞開心很順利的向她們表達我對她們的情感和愛。我從我無法了解的屬靈綑綁中被完全釋放出來，這種感覺美妙極了。

天國的領域

我知道在天國裡是個存在有美麗事物與奇妙的國度，但是我只有短暫經歷少數的景象。

同樣在屬靈的國度裡，你可以看到天堂、星辰和所有行星的運轉。屬靈的世界裡是如此的浩大，我沒法完全用言語去形容它。當你展開屬靈世界的旅程時，你會發現你進入一個沒有終點的旅程。

屬靈世界的運轉方式

在屬靈世界裡並不是像我們屬世的世界，在屬靈世界裡是沒有任何的限制的。我們所知道的時間和距離標準是不存在的。神掌管所有的時間，在祂許可之下，祂可以隨將時間往前或往後挪動。

同樣的，距離在屬靈世界裡對我們來說是不存有任何長、短的阻礙。一個意念的產生就可以決定我們在屬靈空間移動的速度。我們可以在很短時間內到達任何地方。我們可以到達星辰所在的位置、周遊銀河系、到任何的星球裡或到地球的另外一端，當然我們也可以探索天國的世界。

我聽過無數的見證，這些人都有穿越時間和空間去到很遠的地方傳福音或是神差派他們做一些服侍。

而我自己也親身經歷過無數的體驗，包括我身邊的弟兄姊妹們和我至親的家人們也都有同樣的經驗。我希相信神讓我們有這樣超自然的經歷是為祂再來的那天所預備的。這些經歷先告訴我，神一步步打開我們屬靈的視野。

神穿越距離的服侍

不久之前我接到一位親戚的電話，在電話裡她很興奮地不斷對我說：「你一定不相信剛剛發生了什麼事！」
我聽到她激動的聲音也讓我情緒跟著興奮了起來；她開始述說剛才發生的事情，她今天如往常一樣從工作的地方開車回家，這條路她已經開過不下上千次了，總是經過同一條馬路、巷道和小山丘。今天她發現她開在完全不同的路上，而這條路應該是離她好幾十公里以外的路，這是完全不可能發生的事！你沒聽錯！神把她和她的車完全移到十幾公里以外！！

更精彩的是，神給她清楚的異象顯明一條全新的路線讓她知道怎麼開回家。（異象是你可以看得
很清楚但現實中卻是離你很遠）她對於她所發生的事感到十分的興奮和震撼，而這個感受也感動到我！神正在教導她一些新的事，而我們要隨時有一顆受教的心！

在屬靈世界所學的事

我這位親戚並不是第一次經歷神超自然的帶領。很早之前,她曾經在她靈裡看見一個邪靈的樣子;然後她的靈馬上移動到一位朋友家,這位朋友就是被這個邪靈所綑綁,她奉主的名斥責這邪靈離開。接下來上帝也陸續透過許多服侍教導她,這也包括超自然穿越時間距離的服侍。

我相信神正在帶領她,甚至更多的弟兄姊妹們來經歷這超自然的力量,從屬靈世界裡體驗神超自然的大能。當你預備好你的心,把你的心完全向神敞開,神會帶領你經歷很多超過你想像的經歷;前提是你要有顆願意的心!

也許你會問,為什麼我必須要打開我屬靈的眼睛才能經歷這些超自然的事?沒錯,你說的是!但屬靈世界並不是一個『靜止的空間
』。屬靈世界的存在並不是一件單純的事件,它是一扇門,只要你願意,都可以去經歷你不了解神所有的大能。

這就是為什麼從神的話語裡學習知識和智慧是很重要的,這是帶領你走進屬神的屬靈世界裡。具備這些智慧是必要的,你才不會被你所看到或所經歷的所混淆。你會把你的心思意念連結在神的身上,即使你見到有神的使者來傳達上帝的旨意時,你也不至於驚訝得目瞪口呆而忘記接收他差來的信息!(是的!我向神認罪,我曾經也是這樣的表現)

這些都是真的存在嗎?

我常被質問說:「你所說的在聖經上有教導嗎?」這是個很好的問題!我的回答是,是的!整本聖經都是在教導這樣的信息。從創世紀開始一直到啟示錄,都在傳達許多超自然的經歷。

請記住，在上帝的祝福裡，我們在生命、靈裡都一直享有豐盛的祝福和經歷。就像約翰在啟示錄所提到的例子。

當主日，我被聖靈感動，聽見在我後面有大聲音如吹號⋯⋯
啟示錄 1：10

如果
神的靈住在你們心裡，你們就不屬肉體，乃屬聖靈了。人若沒有基督的靈，就不是屬基督的。
羅馬書 8：9

我認得一個在基督裡的人，他前十四年被提到第三層天上去；（或在身內，我不知道；或在身外，我也不知道；只有神知道。）我認得這個人（或在身內，我不知道；或在身外，我也不知道；只有神知道。）他被提到樂園裡，聽見隱密的言語，是人不可說的。
歌林多後書 12：2～4

以利沙禱告說：「耶和華，求你開這少年的眼目，使他能看見。」耶和華開他的眼目，他就看見滿山有火車火馬圍繞以利沙。
列王記下 6：17

這些在聖經裡記載充足的經歷，足夠引起我們渴慕的心去追隨屬靈裡超自然恩賜和經歷。在聖經的記載裡，上帝的子民從上帝身上經歷許多超自然的事，其中包括與聖靈相遇、進入天國和許多數不完的神蹟奇事⋯⋯等等。

上帝並不會毫無道理的不讓我們經歷這些超自然的事工。祂也絕不會禁止我們這一代的子民去經歷馬太福音　　10
章所傳講的醫治、趕鬼和許許多多的神蹟奇事。

只要信靠聖靈的教導和帶領，緊緊跟隨主的腳步和學習祂的話語，祂就會引領你的腳步。祂會保護你，讓你驚艷同時也

祝福你！這真的是一段很神奇的旅程，你一定要去相信和經歷上帝的大能。

第四章

專注與警醒

有一天夜晚我醒來，躺在床上開始向神禱告，跟神傾心吐意，和神開啟對話。過不久之後，我跟神討論一個我正在尋找解答的問題，那就如何開啟我屬靈的眼睛。

跟神交流對我來說並沒有任何不自在或是緊張的氣氛，我也並沒有一再請求神一定要賜給我這個能力。我跟神的對話就像兩個好朋友在討論一件有趣的事一樣。和神交流的過程是如此的輕鬆自在的。

在我求問神以前，我曾經聽說過很多人有許多奇妙的經驗；包括我所尊敬的著名先知鮑伯·瓊斯（Bob Jones）和萊恩·偉特（Ryan Waytt）；他們都曾經分享過自己的經驗。我一直都沒辦法去理解他們所說的，因為我之前也從來沒有經歷過。

我求問神，請祂賜給我聰明智慧讓我能夠清楚明白，我如何能經歷這些超自然的屬靈經歷，也能夠讓我明白在屬靈世界是如何運行的。我突然明白神賜給我們的聰明智慧足以挪去遮住我們屬靈眼睛的面紗。你會有種豁然開朗的感覺，終於明白神要教導你什麼！我們越有屬神的聰明智慧，自然而然就可以得到更多屬靈的看見。

神帶領的操練

在這個夜晚裡，神開始回答我的問題，然後祂要求我打開我的眼睛環顧周圍。祂要開始帶領我來認識屬靈世界，我現在要一步一步跟你分享這個對我來說是十分寶貴的經驗。

我順服神的要求，我打開了我的眼睛，我看見得跟平常沒

兩樣，接著神又請我閉上眼睛，當我閉上眼睛時，我清楚看到屬靈世界的事物圍繞著我。接著祂又說，再次打開眼睛；而這次我清楚看見兩個空間在我眼前，一個是屬世的世界，而另一個是屬靈的世界，兩個空間同時存在我眼前。

上帝帶領我，讓我打開眼和閉上眼總共九次的操練過程。每一次的一閉一合的操練中，我都能看見不同的事物。不管我閉上眼睛或睜開眼睛，我都能看見平常我們常看得屬世世界。同樣的，不管我閉上眼睛或睜開眼睛，我都能看見屬靈世界的事物。所以無論我閉眼還是睜開眼，我都能看見兩個世界的景況，這是一件非常令人驚嘆的事！

上帝告訴我，祂可以帶領我和選擇那些我可以看到的景象；因為祂並不受到任何的限制，對祂來說，在祂眼裡世上的『規則』並不存在。

我意識到，祂讓我看見屬靈世界這一方面景象的同時，也讓我看到屬世界的景況；這樣的連結讓我很容易明白理解屬靈世界的運轉，這是非常珍貴的經驗。

什麼是屬靈的異象

在我的經驗裡我所看到的異象都是充滿豐富色彩的。所謂的異象就是，你可以看見一些畫面但是你不一定參與在這些畫面裡。

為何我形容異象裡所看見的都有許多美麗的色彩？這是因為在屬靈世界裡，所有事物都是栩栩如生的。而且你無法用言語去完全描述這些事物所展現的美麗色彩，他們跟我們平常在世上看到的是非常不同的感受，是富有生命力和活力的。

目前為止我所看到的異象都是在我沉睡的時發生；醒來後，發現我正在另個不同的空間裡。當我感受到身旁圍繞著不同的

屬靈氣氛，我所有的感官和知覺都敏銳了起來，這感覺就像你突然處在新的環境裡所感受到。

當你全身的感官和知覺都敏銳起來的時候，你會體驗到不同的經歷。

在一次的異象中，我走進了一家畫廊。畫廊裡所有的畫都是活潑有生命力的，甚至你可以明顯『感覺』到畫裡的靈魂。雖然所有的畫看起來是有生命力的，但當我看著這些畫時，他們又是保持半靜止狀態的。這就好像當你剛開始撥放 DVD
影片時，通常前面都會出現一小片段的影片介紹與目錄，然後等著你來按『開始』。

異夢

異夢對我來說跟異象是很相似的；在我的經驗來說，異夢裡傳達的信息也是有生命和豐富的色彩。只不過異夢常常會讓人不容易明白所傳達的信息。

異象傳達的信息都是比較具體的，而異夢是比較不容易理解的。在我的異夢裡，我會看見我在不同的場景出現，或是我在夢裡會扮演不同的角色。

這只是一場夢

之前我常聽到大家討論異象或異夢的觀點是，這些只不過是『一場夢』罷了！不管你有異象或異夢的經驗，那些故事讓人聽起來像是做了一場夢。但當你有了一個異象，那聽起來就像是「哇！我昨晚做了個很奇妙的夢呢！」或是當有天使來拜訪你的經驗時，那聽起來又像是「哇！我昨天在我的夢裡遇見了天使呢！」

你能明白我想表達的意思嗎？這就好像你手上有一支鐵鎚，

而你所有遇到的問題都是鐵釘，所以都只用一支鐵鎚就能解決所有問題。這個比喻就是我要跟你表達的意思。當你回憶你所經歷的這些奇妙的異象和異夢時，你要去注意那些微妙的關係。當你真正的去注意這些微妙的關係時，你就明白這並不就只是一場夢了。

這些敏銳的觀察都是你要提醒自己留意的，這樣才能夠打開你靈裡的眼睛。你將會有很多體驗去明白原來這些都是超越你所能理解的。當你越能集中注意力，留意那些微小的變化，就會明白上帝所要顯明在你眼前的事。

屬靈世界的景象

以我的親身經歷來說；當我看見屬靈世界的景況時，我是完全清醒著的，而且這些影像看起來像是『半透明』的狀態。他們看起來通常是白色或是亮藍色的。然而；當我把我得專注力放在我想要看到的事物上時，我發現這些形體的顏色和狀態都會越來越明顯。

顯目的球狀光體

曾經有好多次在我開車去上班或回家的路上，我看到一些球狀的光體。有時候塞車時，光體會停留在前面的車子上或是就停留在我車子面前，有時只停在特定的車主身上。

這些光體有很多種不同的顏色。有一次我看到一個桃紅色的光體停留在一位女車主身上；也有一次當我正開往一個十字路口上時，我看見一個巨大金黃色的光體從我的面前快速地閃過。唯一困擾我的是，總不能在開車時一直盯著這些光體看，這樣是很危險的。

話雖如此；有一次我在回家的路上，正停在一個紅綠燈口

時，我眼光看了一下前面的紅綠燈，然後我看到一團藍色的光體，我以為那可能是一團燈光。(有時我們從來不會注意你所看到的，直到你真的仔細去觀察)

我原本想忽視我所看到的然後繼續往前開，但是我還是決定盯著這團藍色的光體，我想看看它到底是什麼東西；突然間這團藍色的光越來越光亮刺眼，然後變成一個巨大的球體就懸掛在半空中。如果我沒有停留這點時間去觀察，也許我就錯過這個奇妙的景象了！

重點到底是甚麼呢？

許你會問，從本質上來說，看見這些飛在半空中色彩繽紛球狀光體對我有什麼益處？為什麼有這麼重要？我分享這個經驗的重點是，這是個明顯的確據；如果你能理解且承認在我們生活中，的確有很多我們肉眼看不見的事物圍繞著的話，你就會開始開始更專注去觀察你身邊的事物，然後你會越看越明白清楚。

很多人認為應當讓神完全掌管或由祂帶領你經歷這一切。我同意這觀點，但並不代表你什麼都不用做；當你願意開始注意觀察小細節時，把你全身毛細孔和感官系統全部打開來，重新觀看身邊每一個景象，即使是一個小光點、一個閃過眼前的色彩或是身旁屬靈氣氛的改變等等，這樣一定會打開你的眼界。

當你覺得你有點進步了，你的確看見你平常沒看見的事物時，你要為你自己這一點進步而感到開心，這表示你朝著打開屬靈的眼界又往前邁向一大步了！

當我們做這些實際的操練時，你要注意你每一個進展，你在觀察中所得到的啟示都會幫助你在屬靈裡有更多的得著。

第五章

遮住屬靈眼睛的屏障

當上帝開始撥開那些遮蔽我屬靈眼睛的障礙物時，祂也讓我親自去看見和經歷這些遮蔽我靈裡的東西。也許我沒辦法把所有的因素每一項詳細的提出來；但是重要的是，這些因素都可能是造成屬靈眼睛被蒙蔽的原因之一。然而愛我們的上帝會幫助我們挪去自身的所有屬靈屏障。

以我自身的經驗來說，最大的屬靈屏障不外乎是這四大項目：蒙蔽屬靈眼睛的面紗、遮住眼目的鱗片、惡者的詭計、魔鬼撒旦的阻擾。在神幫助下，我能挪開這些遮蔽我屬靈眼睛的干擾。

蒙蔽屬靈眼睛的面紗

我記得在 2010 年年初時，上帝啟示我並教導什麼是蒙蔽屬靈眼睛的面紗。在一個清晨大約兩、三點左右，上帝親自讓我看見這些蒙蔽我的面紗。

我記得那天深夜我還坐在我的「禱告椅」上持續的禱告中，基本上我就是在禱告、敬拜和等候神。

不久之後我就上樓準備睡覺，但我通常並不會很快入睡；我會躺在床上保持清醒一段時間，以免上帝還有一些話或是有什麼啟示要對我說。我總是期盼那位愛我的神可以給我更多的話語和啟示。

當我繼續躺在床上，眼睛注視著天花板，心裡祈求神能夠繼續與我交通或教導我任何事物。突然我靈裡的眼睛被開啟，我看見一片長紗從天而降把我團團包圍。

這片長紗是深色的而且是半移動的狀態，但移動的幅度並不大。這片紗看起來很像窗簾或布簾，層層相疊。長紗的厚度讓我很難看見它背後面到底是隱藏什麼樣的世界。

然而，我注意到我的視線並不是完全被這片長紗所擋住，因為長紗上有許多破洞、裂縫和撕裂處。所以還是可以透過損壞處來看到後面的景況。

因為這片長紗遮蔽我屬靈的視線，我才明白原來神要告訴我，為什麼我會常看不清楚。我常常在我屬靈異象裡看到一些奇奇怪怪，不成形的畫面；有時候只看到一個人的手、某人的胸膛或脖子，有時只是幾件類似衣服的畫面。

神也讓我看見這片長紗是會不斷的移動的，這樣造成我們不能清楚的看見。因為長紗會不斷移動，所以上面的破洞也會跟著動，因此你可以透過這些大大小小的洞隱約看見後面的屬靈世界。

雖然我們能夠透過這些洞看見長紗後面的世界，但是這些不完整的畫面常常讓我們摸不著頭緒。即使長紗後面站的是一位天使，但透過這些不斷移動的破洞也無法看清後面站的是一位天使。等我們想看清楚時，洞口又移動了。

三件短衫的啟示

一天晚上，我躺在睡房安靜等候神；我將目光移到床尾觀看，大約在六、七英尺高的地方看見好像是人的胸膛，但也看到有一部分是脖子而肩膀是掛在半空中；我看到這三個部位都披著類似短衫的衣裳。

我很認真的研究我所看到的影像，然後我心裡有個疑問，「這到底是什麼奇怪的東西？」突然有聲音在意念裡回答我，「這是我的長衫！」

我必須承認，有時候我的反應的確有點慢；過一會兒我才明白我看到的是天使身體的一部分而已，而我所聽到的聲音是他在對我說話。當我繼續更專注前方影像時，我發現我能看得更加清楚，直到看見完整的天使形體站在我的面前。天使是有清晰的容貌，他身上閃爍微微的亮光，他是半透明的狀態，而且讓我感覺他的舉止風度都是很高雅的。

透過這個經歷，我明白了上帝之前教導我的方式；那就是只要你全神貫注在你所看見的景象，專注力可以讓我屬靈的眼目更清楚的看見，「專注力」是非常重要的法則。

而你會問，到底最後是什麼方式移走那片面紗？為什麼面紗上面會有這些破口或裂痕呢？這個問題的確需要花一些時間逐一解答，但我已經預備好在這本書的下一章節中會有解釋，但是我能先給你一些簡短的提示，這些問題都是跟悔改認罪、饒恕、聖潔和屬靈爭戰有關。

除去面紗真的並不難，只是過程有些艱辛。當我們試著挪去蒙蔽我們面紗的同時，你卻讓罪、懷疑、愚昧和其它你並不知道的問題所遮蓋，這樣除去面紗是要花很長的時間。

遮住眼睛的鱗片

我所看到遮住我屬靈眼睛的鱗片是跟平常看起來的鱗片很不一樣的。而這些鱗片就遮住我的眼睛讓我無法看見。然而我沒有從神那邊得到任何挪去鱗片的啟示。

我要表達的意思是，我可能沒有注意聽到神的聲音。但是我在過去幾年的經驗發現；當你有很長時間或是有幾年常常沒有察覺到神的聲音時；當你開始更深尋求神，就會有一個「屬靈適應期」，接著會不斷聽到祂的聲音。

我所看到的鱗片每一片都是很巨大的、會移動的而且看起來是
活生生的活物。這是我看到鱗片的第一印象。這些鱗片有八個
角，而且邊緣佈滿像是流蘇狀的長角。我特意把看見的樣子畫
出來，它們看起來就像這個樣子。

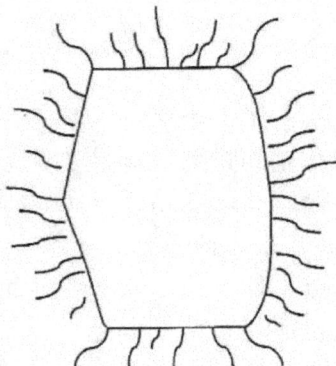

這些鱗片很密集的排列，完全擋住我的屬靈的眼睛。我記得在
聖經裡也有提到這種擋住我們屬靈眼睛的鱗片。在使徒行傳
9：18
提到掃羅的眼睛有類似鱗片掉落下來，然後他就能看見了。

*掃羅的眼睛上，好像有鱗片立刻掉下來，他就能看見。於是起
來受了洗。*
使徒行傳 9：18

很久之前，當我在讀這段經文時，我覺得這段描述有些誇張，
但是自從我看見這遮住我眼睛的鱗片之後，我完全能夠明白聖
經裡的意思了。

惡者的詭計

此外，又拿著信德當作盾牌，可以滅盡那惡者一切的火箭。以弗所書 6：16

在這段經文裡談到我們有信德的盾牌可以滅盡惡者所有一切的火箭。大衛曾在詩篇 64：3 提到惡者發出的言語，好像比準了的箭。

你一進入屬靈的世界時，你就會發現聖經所說的這些都是真實存在的，而你手上也有神給你的屬靈武器去對抗。

出乎意外的攻擊事件

我在本書的第三章中提過其中一個惡者的詭計，那就是在屬靈裡被綑綁，而這綑綁必須透過醫治釋放來解決。而我這章要提到惡者的另一個詭計；有一天我在屬靈裡看見我走在天國的國度裡。我看見我走進一個很美麗的花園，色彩繽紛的景象、蒼翠繁茂的綠色樹木和滿山滿谷修剪整齊柔軟的青草。

我看見前方有一個美麗的公園；但是突然之間，有人在我後面用黑布蓋住我的頭，結結實實把我美好的際遇給打斷了。（這就是惡者的攻擊）

緊緊跟著神

又有一次，是發生在我專注在靈裡看異象的過程中，讓我感到驚訝的是，這次的異象是如此的清晰和生動。在異象裡，我巧遇著名的先知鮑勃．瓊斯（Bob. Jones），他坐在北加州的鄉間路上，正在調整他的腳上穿的網球鞋帶。

我走過去詢問他，「請問你等待神給你每個預言的時間是

多長？」他回答我說：「直等到祂啟示我為止。」

我對於我可以清楚看見我的異象感到很開心，在我的異象裡我很清楚的看見，我就站在他的旁邊。但是不知道為什麼，我就是不想只是呆呆地站在那裏，我想到處去「探索」我異象裡的景況。
於是我決定往前走，我走在一段小徑上，然後走進了一座森林裡；突然間我覺得前方的視線越來越不清楚，接著有一張張鐵做的面具擋在我的臉上；導致我無法再看清楚，
我走路開始跌跌撞撞的，心中感到非常的不安。

其實神已經透過剛才與先知的巧遇時教導我在屬靈看見裡一個很重要的啟示。如果我那時候就乖乖待在原地等候神的帶領，我就可以繼續經歷屬靈的看見。這段啟示對我來說真是再真實不過的了。

如果我一昧地照著我決定的方向和我選擇的道路，那就是把自己暴露在一個未受神遮蓋的狀態下。如果我等候神然後選擇讓祂來帶領我，我必定是十分平安的。

這次的經驗教導我，我不能跟隨我的肉體意志行事；即使這看起來並不是一種的罪或是不聖潔，但是不知不覺中你已經允許惡者藉著你的意念來阻止你往前行。記住，你只要跟隨神的腳步和計畫，神會確保你的安全、沒有阻礙和任何憂慮，祂會親自帶領祂所愛的孩子們來探索超自然屬靈的世界。

魔鬼撒旦

相信我，魔鬼撒旦並不喜悅見到你渴慕追求屬靈的看見。這是因為當你可以清楚看見屬靈的世界時，你同時也可以看見他們在你身上正要施行的詭計和欺騙。

魔鬼撒旦的阻擾

牠們會想盡一切的方法讓你屬靈的眼睛緊緊地關閉。這包括牠們可以透過你的意念親自對你說話、或是你無意聽到別人說的一些話，或者是牠們特意透過你身邊的朋友對你說話。

牠們會說些甚麼呢？其實牠們傳達所有的話語都是跟「恐懼」有關。例如：「天啊！朋友，如果我是你，我才不會對那屬靈世界感興趣呢！那些未知的事都是跟魔鬼有關的！」「如果你真的打開你屬靈的眼睛，你會看見許多可怕的妖魔鬼怪，然後你就會被牠們纏住無法逃出來的！」魔鬼會找出你生活中讓你感到害怕的事件來借題發揮，讓你深信最好還是不要追求或看見任何有關超自然屬靈世界的事。

當然，牠們也會用你的信仰來挾制你；相信我，牠們可是最懂操弄「信仰」的一群了！

牠們會讓你家人或朋友警告你追求屬靈看見是危險的（當然都是以愛神的名義來操弄）。他們會漸漸遠離你，甚至不再與你來往直到你向他們認罪，然後跟他們站在同一陣線上。因為一直以來，他們都是這樣過信仰生活的啊！

所有他們傳達給你所謂「安分守己」的正常信仰生活就是這樣的態度，他們會盡全力用很多方法調整你的想法。但是「安分守己」的正常信仰方式並不代表我們不能去追求看見屬靈世界的渴慕。

這些例子都是魔鬼最喜歡用的伎倆，因為大部分的人不想自己的生活被冒犯或是被干擾，也不想因此失去朋友或家人。而魔鬼就是利用這些人，牠們不顧神的旨意，就是要全力阻止你，這些都是常發生在我們周圍現實存在的景況中。

憤怒的魔鬼

我曾經長達超過兩週的時間協助一位被情慾綑綁的年輕人得釋放。有一天，我正在我的房間，為他做「屬靈爭戰」的禱告，我正使用神給我的權柄來綑綁邪靈和祈求釋放這位孩子的靈。我每天都在為這個孩子做這樣的禱告，希望他的靈盡快得著自由釋放。

當我正專注禱告時，大約過了一個小時左右；我看見有兩個邪靈站在我房間角落，牠們狠狠地盯著我看，想要讓我感受到牠們的威脅。

藉著上帝的遮蓋保護著我，在這個過程當中，一直有一顆平靜的心。我持續禱告，然後也同時盯著牠們看，過了一回，牠們就立刻消失了。當你正在爭戰時，可能會發生一些超自然的事，但是千萬不要懼怕。

魔鬼現形

有時候魔鬼會用很直接的方式來阻擾你的屬靈眼睛，但是你可能都沒有發現。這時聖靈會帶領你看見這些魔鬼的阻擾，然後幫助你去擊倒牠們。

有一天晚上大約晚上十點左右，我正準備走上樓進我的臥房。我換上睡衣，然後低頭坐在床邊開始睡前的禱告。我為我的家人、弟兄姊妹和每一位我認識的人做一些簡短的祝福禱告，這些禱告文不外乎是感謝神所賜的豐盛和安穩的睡眠。

我突然有個感動，我覺得我應該要抬起頭往前看（我想這應該來自聖靈的指引），我看見在房間外的走廊上站著一位看起來像魔鬼的形體，牠看起來很高大，大約有七、八尺高，牠的頭上還有一對巨大的牛角。牠就是看起來就像是一個黑黑的人頭上有雙牛角，牠就站在走廊直盯著我看。

我根本不知道牠是從哪來或是牠是怎麼進來我家的，但是我知道牠是魔鬼，我開始禱告使用權柄綑綁牠，奉耶穌基督的聖名命令牠離開。

差不多過了二十分鐘，牠就離開了。其實牠也沒對我做些什麼，牠所做的只是站在走廊上盯著我看而已，但是我卻花了二十多分鐘把牠趕走。

魔鬼所遮蔽的視線

當魔鬼離開之後，牠原本所站的地方突然發亮了起來；接下來我所看見的異象是遠遠超過我所想像的。那是一個美麗無比的畫面、且是栩栩如生的景象，透過這個異象，讓我看見有關我家庭未來生命的方向！這個異象真是讓人驚嘆，言語無法形容的美妙！

原來剛剛魔鬼所站的地方就是要擋住我看見神旨意的視野。上帝想要啟示我一些事情，但是魔鬼卻擋住了路而不讓我去看見神給我的祝福。

魔鬼一點都不想要你去看見屬靈世界的任何東西。牠更不想讓你看見神在你身上的命定、豐盛的祝福或是神國的光景，牠會盡全力的阻擋你去看見。不管牠有時候會用直接的方式或是間接的方式阻擾你，牠的目的就是要完全遮蔽你的眼界。但是，你只要牢牢記住，我們的神，耶穌基督，祂是萬王之王，萬主之主，祂是你的保護者和救贖者。

然而，靠著愛我們的主，在這一切的事上已經得勝有餘了。羅馬書 8：37

因為
神賜給我們，不是膽怯的心，乃是剛強的心、仁愛、謹守的心。
提摩太後書 1：7

神所預備的都是最好的

我在這章所分享的經驗都是我們常常面對的屬靈爭戰。如果你的靈裡還有一些需要去戰勝的破口；例如：情慾誘惑、黑暗勢力、恐懼、各種成癮問題或是一些有害的屬靈的心思意念，你都必須要去面對這些破口。你放心，你並不是一個人面對這些問題。上帝的恩典夠你用。祂對你有個完美的計畫，祂將會帶領你走向祂預備好且充滿祝福的道路上。所以千萬不要沮喪失望，我們的神已經勝過了一切。祂必定會引導你、餵養你，把你建造成祂所愛的愛子與愛女。然後透過神賜給你的改變與祝福，你會幫助且祝福更多的人在屬靈爭戰上得勝。

第六章

突破障礙

你知道嗎？愛我們的上帝會給我們一切所需要的，然後帶領著我們經歷一切祂要我們體驗的。這個也包括「恢復」我們屬靈的眼睛。我使用「恢復」這兩個字來描述，這因為通常孩子們從來不會有任何看不見屬靈世界的問題；也許你小的時候並沒有失去看見屬靈世界的能力。

所以我們身上到底發生什麼事了？當我們年紀越來越長時，我們在這世界學會了懷疑和不信。我們常常被教導，「這一定不是真的，都是你自己所想像的！」然後在我們的生活中，我們被環境裡所發生的一些事情影響或接收屬世的想法，這些都會污染和傷害我們屬靈的眼睛。以上的原因都足以讓我們成為在靈裡的瞎子。

因此，為了盡全力讓我們能恢復「視覺」；接下來分享得方法也許會不斷的重複，但我也不會因為時間的關係而不談，我會反覆說明，再一次來加強你們的印象。

上帝的啟示

當我們能快速明白上帝的旨意的時候，那是非常得上帝喜悅的。上帝給的啟示不是單方面由祂賜我們而已，我們這方必須懂得接收上帝的啟示。要如何接收上帝的啟示呢？我們必須開始學會用神國的思想來思考，而不是用我們自身的經驗和判斷來思考。要思想什麼樣的心思意念才能榮耀神？什麼樣的追求才會討神喜悅？當我們用神的眼光去看事情，用神的思想去判斷事情時，神的啟示就會臨到我們。

巴比·康納（Bobby·Conner）的教導

我很喜歡巴比·康納，他是我最喜愛的牧者之一。他也是一位在靈裡有許多洞見的牧者，而且他常常分享很多他自身的經驗，用來教導我們如何來經歷這些奇妙的恩典。

他曾經分享一個故事；有一次他在服事結束之後，他感覺全身非常勞累而且雙腳特別痠痛，沒有任何的力氣再做其他的事情。於是，他就躺在床上休息，他心裡正想著；如果此刻可以有腿部按摩的服務，那有多棒啊！接著，他就把這著心願說出聲音來：「真希望有人可以幫我做腿部按摩！」

他一說完這句話，剎那間，他腳部的被單被掀起，而且更驚奇的是，他感受到真的有人正在為他做腿部按摩。巴比描述自己當時可是嚇壞了，而且他害怕的大聲喊叫「你到底想要做甚麼？」他聽見天使回答他說：「我正在服侍你啊！」

當我聽到這個故事後，我也開始跟上帝祈求說：「神啊！如果也有天使來為我做腿部按摩那有多好！」我知道也許跟上帝要求這個不太禮貌，也許也不太適當。但我還是這樣跟神說，而且我連續兩年都這樣跟上帝祈求，而我們的上帝真的是位慈愛恩典的神！

有一天晚上，當大家都熟睡之後，我坐在我的禱告椅上繼續向上帝祈求；而這個腿部按摩的想法又再次浮現在我腦中，於是我又祈求上帝是否可以差派天使來為我做腿部按摩。突然，有一個異象進入我的靈裡，因著這個異象讓我立刻改變我的想法。我所看到的異象給我一個很深的教導。

當我坐在我的禱告椅上時，我看見了耶穌基督那有很深釘痕的雙腳映入眼簾，我感覺我的心被扎了一下。我馬上警醒且立刻向神悔改。我跟神說：「親愛的天父，我很抱歉；最需要腿部按摩的人除了祢，別無他人！」

在接收到這個異象之後，我睜開眼睛；我看見有一個天使正抬起我的腳，他抬起我的左腳，他並沒有按摩我的腳，他就是持續舉著我的腳。我突然想起我這隻左腳有長達六個月的疼痛了，每當我行走時都會有陣陣的疼痛。在那瞬間這些疼痛已經消失，天使挪去我腳上的疼痛，完全醫治了我的腳。

對我來說這是一個很寶貴的經驗，我想對你來說也是一個學習；上帝的啟示教導真的非常的重要，因此可以打開我們屬靈的眼睛。

從此，我花更多的時間詢問上帝的旨意，而不是一昧地請上帝差派天使按摩我的腳。渴慕尋求神賜給你更多的屬靈智慧和啟示是最重要的。

悔改

世上沒有一件事比向神誠心悔改還重要的了。如果你意識到你生命中還有一些罪要悔改，趕快回轉歸向神。為一切所有可能的罪悔改，例如為你自己、家人、鄰舍或祖先的罪悔改，絕對不給惡者留地步。

前面我所分享腿部按摩的故事裡，也是有馬上悔改的行為。悔改可以打破惡者一切的攻擊，因為他們會抓住你的破口來折磨你，也會擋住你屬靈的視線。

未悔改的罪通常是魔鬼常使用來攻擊你的手段，他讓你無法從你的罪被釋放。所以千萬不要留任何破口給魔鬼有利用的機會，立刻為你所有的罪悔改。

以後我不再和你們多說話，因為這世界的王將到，他在我裡面是毫無所有。
約翰福音 14：30
就像耶穌所說的，決不給魔鬼留任何機會！

天使比松鼠還多

我常在一個喜劇的電台裡聽到主持人常常使用一個有趣的詞語；每當他想要描述為數眾多的事物時，他會使用松鼠來當作數量詞語。例如，有一次當他在描述北方小鎮的人們抱怨麋鹿太多影響他們的生活時，這位主持人會開玩笑地說：「這鎮上的麋鹿比松鼠還多呢！」

當我第一次聽到這樣的描述時，我覺得很有趣，所以我也常常跟別人說：「我家的天使可是比松鼠還要多喔！」我剛開始這樣說時我覺得自己很聰明幽默；當我越常這樣說時，我心中有些不安的感覺。我覺得自己對天使和上帝都沒有存敬畏的心。有一天早上，我正準備出門上班，當我正走出我家的大門，而我心中也在思想家中有天使正看顧我的家。

接著，我卻不知不覺脫口而出說：「我家的天使們真的比松鼠還多呢！」那時我雖然不確定我此刻這樣說是否會得罪神，但是我還是趕緊向神認罪；我跟神說：「神啊！對不起！我這樣說很不尊重祢，我再也不會這樣說了！！」

上帝的幽默感

當我悔改完，我走出我家門口往我的車子走去時；我看見我左側的院子外面有一隻松鼠快速跑進了我的院子，然後牠鑽入我院子裡的鐵火盆裡，我看見還有另外兩隻松鼠也跟著鑽進去，牠們在盆子裡玩耍，發出很劇烈的碰撞聲。

接著三隻小松鼠跑出來在我的院子裡跑跑跳跳，在樹上發出很多聲響；大約過半分鐘，我又看見四面而來更多松鼠跑到我的院子裡，牠們繼續在院子裡跑跑跳跳，玩弄所有院子裡的器具和植物。我大約算算應該有二十幾隻松鼠在我面前跑來跑去！

神是很喜悅我們向祂悔改自己的罪。祂並不是坐在離我們很遠的地方觀看我們不討祂喜悅的生活。當我們做錯事時，祂也絕不會逼迫我們悔改。經過這次的經驗讓我明白，向神悔改並不會讓我感的絲毫的罪惡感或不自在，因為我們的神是良善的！

成聖

求你用真理使他們成聖，你的道就是真理。
約翰福音 17：17

我們成聖時可以領我們走向兩個尊貴的道路上：使我們成為神聖的，而另一個是使我們聖潔。如果我們是聖潔的，神就可以賞賜我們更多的恩賜。因此祂的真理可以透過我們的生命展現出來。如果我們屬靈的眼睛是神聖且聖潔的，我就能夠看得清楚上帝的旨意。

我們必須熟讀神的話語來潔淨自己；祈求神來潔淨我們的靈。這並不是個理論而已，我們必須常常認真的這樣努力去做來潔淨我們自己。

祈求神潔淨你

我來跟你分享我領受神潔淨的經驗。我除了努力熟讀聖經的話語、敬虔的禱告和尋求上帝潔淨我的心思意念之外，我也同時要求神降下聖靈的火來潔淨燃燒我一切不討神喜悅的罪或心思意念。

我要使這三分之一經火，熬煉他們，如熬煉銀子；試煉他們，
如試煉金子。他們必求告我的名，我必應許他們。我要說：這
是我的子民。他們也要說：耶和華是我們的 神。
撒迦利亞書 13：9

我相信神帶領每個人潔淨的方法是不一樣，我只是分享我所經歷的過程，讓你知道上帝祂會親自帶領你。有一天晚上，我等家人都熟睡後，我繼續向上帝禱告，有時我讓上帝帶領我的禱告，有時我也祈求上帝潔淨我。

當我祈求上帝的潔淨臨到我時，我會用意念或是開口向上帝禱告。我專心地尋求上帝親自潔淨我。我想像有一團熊熊的火降臨在我的頭上或是天使倒入一桶桶聖靈的火在我身上，我繼續請神潔淨、洗淨我，讓我成為聖潔的人。

一旦我常常做這樣的操練，上帝就帶領我經歷這樣的潔淨過程。通常我會花上好幾個小時做潔淨的禱告。在禱告兩個多小時後，上帝讓我在靈裡見到有聖靈的火灌入我身體裡。有一次甚至有很強烈聖靈的火從我身後灌入，讓我的頭都不住的往前傾倒，這個經驗真是美妙極了！

這樣的經歷改變了我的生活，我深深地感覺神完全參與我生命中的每一刻，祂也燃起我心中為主而活的熱情。如果你開始積極展開成聖的道路，我相信你同樣也會收到神很多的祝福。神是不會虧待任何的人。

屬靈釋放

每次談到屬靈釋放這個主題，就會讓人覺得這是個棘手的問題。很多人被教導魔鬼是不可能侵犯基督徒的；他們會說，邪靈怎能跟聖靈同時存在同一個空間呢？

很多基督徒在他們信仰的一生當中，他們從未面對他們自己的罪，而魔鬼就是利用這些他們不想面對的罪來攪擾他們的靈，這干擾一直存留在我們的靈裡。

當你努力追求生命中的真理時，魔鬼會想盡辦法介入你的生活，用盡所有的方法來阻止你尋找到真理。然後當你決定不

再尋找神時，祂就好像突然「消失」在你的生活中，因此你永遠都不會明白這是魔鬼的作為。

以我自身的經驗來說，我每天都會為自己做屬靈釋放的禱告。身為一個基督的跟隨者，我們有上帝給的權柄可以勝過一切魔鬼，所以我常常使用神的權柄來宣告。我使用權柄捆綁所有想要侵襲我的魔鬼，命令他們靈開我的生命，從此不再回來干擾我；只要我宣告，牠們一定逃離。

有時候我們會得到錯誤的教導，我們以為只有不信神的人或是那些生活在世界某個黑暗角落的人才會受到魔鬼的攪擾，只有這些人才需要做屬靈釋放；然而聖經所教導卻是不一樣的。

在馬太福音十五章所記載，有一個迦南婦人來尋求耶穌醫治她被鬼所附的女兒，耶穌在這故事中清楚地告訴我們甚麼樣的狀況是需要做屬靈釋放的。當這位婦人來到耶穌面前懇求祂的幫助，因為她的女兒已經被魔鬼折磨得不成人樣了；耶穌這樣回答她……

*他回答說：「不好拿**兒女**的餅丟給狗吃。」*
馬太福音 15：26

透過這段經文，耶穌的話語啟示我們，屬靈釋放的祝福是賞賜給祂的**兒女**的。

除去罪性

如果我們想要在靈裡跟神有更多的交流和看見，除去我們的罪性是非常重要的程序。

罪性常常誘惑我們去犯罪；罪性就像樹幹深深扎在土裡的根一樣，如果你不完全清除這這根，它就會越扎越深，讓你常

常犯同樣的罪，你與罪有打不完的仗。

我在前面的章節中有推薦安娜·麥德斯·菲爾（Ana Mendez Ferrell）所著作的書，她的書中有詳細教導如何除去我們心中的罪性根源。我十分推薦你去詳細閱讀，一定會改變你屬靈的生命。

除去我們的罪性與悔改有很大的關係。每當你為罪所悔改，你就一點一滴挪去你罪性的根源。因為有些罪性是從好幾世代一直遺留下來的。我前面所提到，罪性就像扎在土裡的根一樣；當你向神悔改所有你能想到的罪，你就已經慢慢移除扎在你生命裡罪性的根。

上帝也會成為你的幫助，不要為你任何有可能的罪性留餘地。不要有任何的猶豫不決，請聖靈光照你，只要有任何你覺得是罪的，全都帶到神的面前來悔改。盡全力的去做，千萬不要半途而廢。

怎樣才算是盡全力的去做？我曾經花了三個星期的時間祈求聖靈光照我，帶領我去悔改我所有的罪。但是坦白說，我覺得我還有罪沒有完全悔改完，還正在繼續悔改，因為悔改我們的罪確實需要花很多的時間。

當你為你的罪性悔改禱告的同時，你也要奉耶穌基督的聖名宣告這些堆在屬靈裡的垃圾和造成你身心困擾的現象也要離開消失。我總是使用耶穌基督的聖名為我的靈、心和肉體同時禱告且宣告。另外你要有所準備，因為你做完這些認罪禱告之後，有可能會身體會有生病的現象。我並沒有生病，我只有持續嘔吐了幾天。

當仇敵在你身上找不出有任何罪的把柄來影響你，你會感受到你的身心靈是如此的自由和釋放。而你能更深的與神的靈接觸，更敏銳抓住神的旨意，因為沒有任何阻擾可以影響你與

上帝的關係。

這也會幫助你在屬靈領域裡有更多的接觸；這包括你的屬靈眼
界被打開，你可以移動到屬靈世界裡，你也會看見神的使者在
身旁走動，更多接收到來自神的啟示和異象。除此之外，你的
信心會大幅增長，神降臨恩膏在你身上，賜予你所需的恩賜。
你會去完成神所要你做的事工，並且能奉耶穌基督的名和權柄
來醫治病痛，趕除魔鬼。

實際操練步驟

與神國連結

領受上帝的啟示---

祈求神帶領，賜給你屬靈的智慧和啟示。找一個安靜的地方，在一個決不會有人打擾的時間裡，花一些時間與神相處。我建議最少要花上四十五分鐘到一個半鐘頭左右的時間。

悔改---

我知道悔改這一步有些難，所以要尋求神的幫助，請祂光照你，向你顯明所有你的罪。把所有的罪擺在神的面前向祂悔改。你可以每天睡前做這樣的操練，然後也祈求上帝啟示你每個罪的原因，讓你從此遠離每一個罪。

成聖---

我建議你同樣找一個安靜的地方和不被打擾的時間裡做這個操練。你可以坐在一個讓你感覺舒適的椅子上，靜靜地坐好，然後請神來潔淨你。剛開始大聲地向神祈求，然後在心裡祈求想像神降下聖靈的烈火從頭澆灌下來。這個過程最少需要四十五分鐘或是更長的時間。我記得我初期開始這樣做時，整個過程花費兩個多小時的時間，但是結束後我的確得到無比的喜樂。

屬靈釋放--- 我推薦一本由法蘭克·哈蒙（Frank Hammond）所著作的一本屬靈釋放的書籍「豬在客廳裡」（Pigs in the Parlor），或是其他很多關於怎樣趕走邪靈的書籍。你可以把相關的書看過一遍，然後開始奉耶穌基督的名宣告斥責裡面的邪靈離開。也許你現在聽起來覺得沒什麼道理，但是只要去做你就會發現你的靈裡越來越乾淨，以前曾攪擾你的問題都消失了。

清除罪性---- 我之前所推薦的安娜·麥德斯·菲爾（Ana Mendez Ferrell）的書裡有清除罪性的所有步驟和禱告方式，可以幫助你有效的清除你在靈裡隱藏的罪。

第七章

屬靈爭戰的武器

我們擁有神賜給我們豐富的屬靈武器。我們也有天使和天軍為我們而戰。此外我們還有耶穌基督寶血的盟約和復活聖靈的大能。我們在戰場上並不是一無所有的。

每當我們在屬靈爭戰中感到無助或是被攻擊時，這並不代表上帝沒有供應我們任何戰場上的需要。只是有時候我們對於我們所擁有的卻毫無知覺或是根本不知道要如何使用神給我們的武器。

還有一點我必須要提到的是，我們常在屬靈爭戰的過程中因為肉體勞累而昏睡。也許你有千百個理由告訴我你真的很累；然而我必須告訴你，在屬靈的戰場上要得勝的最重要的因素就是取決於你的態度。

我們並不是憑血氣爭戰

我們爭戰的兵器本不是屬血氣的，乃是在
神的面前有能力，可以攻破堅固的營壘。
哥林多後書 10：4

在你為屬靈眼睛打開的爭戰過程中，要記住你並不是憑著你自己力量。葛蘭·庫克牧師（Graham Cooke）曾經說過這樣的一段話：「我們不是為了追求得勝而戰，我們爭戰是因為我們已經得勝了！」

我知道在理論上我們都懂這個道理，但是在實際生活中操作又是另一回事。當你開始發現你眼睛所看的和你感官所接收

的領域都是戰場的時候，你必須有來自神賜給你的平靜和喜悅在你的心中運行。

我們都知道耶穌基督早已為我爭戰得勝，祂的權柄和超自然的力量已經降臨在我們生命中的每一個層面。每當我們宣告祂的話語，天使天軍已經預備待命。當你屬靈的眼睛被開啟時，你就會清楚看見這是真實的景象。

因靠耶和華而得的喜樂是你們的力量。
尼希米記 8：10

越喜樂 越有力量

我在 2010 年，在北印地安納州參與了一場主內弟兄的年會。在那場聚會裡我認識了來自不同地方的弟兄們，每個人身上都有不同的恩賜，他們在醫治釋放領域都有豐富的經驗。

有些人看起來很嚴肅，而有些人看起來很輕鬆也很好相處。每一個人在他們被神所呼召事奉的領域中都有很棒的成就，因為他們都是行在耶穌基督所教導的話語上。這些成就跟我們屬世的成就一點關係都沒有。

在晚宴上我認識了一位來自芝加哥教會的年輕黑人弟兄，他也是專程前來參加這次年會。他和我與飯桌另外一頭的弟兄們，分享他在屬靈戰場爭戰的奇妙經驗。當他在述說這些與邪靈爭戰的故事時，臉上總是掛著燦爛的笑容和無比的喜樂。對他來說，這些事工並不是工作，他真的是充滿了喜樂和熱情來面對他每一次的服事。

我述說這個故事是真心希望你能明白，在我的生命同為神的僕人中，我遇過很多、很棒、且很有恩膏的人，但是這位年輕弟兄身上所散發出來的感染力是我從未遇見過的。這是讓我有些震驚的，因為這位弟兄身上的力量，是我只有在神的使者

身上才感受到這股強大的力量。很少人能夠真正散發出這樣的力量。

我跟你分享這個心得是因為我不想讓你跟我過去犯一樣的過錯；不要只專顧追求屬靈的事情而忽略了神真正要顯明給你的事。你知道我們的神絕對不會留任何一個好處不給你，祂把你所需要的武器和權柄都賜給你了，而且祂也早已為你爭戰得勝了；那你還怕甚麼呢！用喜樂的心去做吧！

禱告的大能

禱告一定會打開你的眼界。

義人祈禱所發的力量是大有功效的。
雅各書 5：16

你可以向有禱告恩賜的弟兄姊妹學習怎麼樣禱告。

盡全心禱告

當你禱告的時候要專注於你所禱告的事情上。舉例來說，當你祈求神打開你屬靈的眼睛而禱告時，你要用盡全身細胞的力量向神求。大聲的呼求、渴慕的尋求、用你的靈祈求、用意志力和你所有的意念祈求。

以下我跟你享我是如何跟上帝祈求打開我屬靈眼睛的禱告詞。

主啊！謝謝祢開啟我屬靈的眼睛。祢曾經說過祢可以讓瞎眼的看見，而我堅立不搖緊抓住祢這句話的應許。我感謝祢讓我可以看見！謝謝祢沒有留任何好處不給我。謝謝耶穌在啟示錄 3：
裡所記載的，祂賜給我眼藥擦我的眼讓我能看見。感謝讚美主！

當我開口大聲地唸出這些禱告的時候，我的腦中里及浮現一個畫面，就是耶穌用眼藥擦拭我的眼睛。當我張開眼睛時，我可以看見天使站在前面看著我，而他們也知道我可以看見他們。

我可以感受到全身的情緒和我的靈都為新的經驗感到無比的激動與興奮。我可以看見那平常我們「看不見」的世界而感到非常的開心。

為什麼這些事會發生？這是我的幻想嗎？一位傳講福音的牧師梅爾·龐德（Mel Bond）曾經說要盡全心來禱告。我也是這麼相信這是唯一的方法。當你可以用盡全心、全力和全身來禱告時，這時你的禱告已經成就。

有多少次你到教會去的時候，你的心總是在想這場敬拜或這場講道到底甚麼時候才會結束？或是當你抱怨站在冗長的自助餐隊伍中時，心裏碎念著都是因為今天的講道時間太久導致的。你有發現你心思意念正在思想兩件不同的事情嗎？

這就是為什麼我們要用全心禱告。因此我們可以將我們每一個思緒都交給耶穌基督，順服祂的帶領。你想要你屬靈的眼睛被打開，你就不能有其它心思意念來干擾你。

為人代求

我們眾所皆知的一個天國定律是；當我們為別人代求時，上帝也會賜下祝福給我們。祂給我們祝福的豐盛，甚至超過我們為別人所代求的事項。你一定很熟悉這段經文……

你們中間誰為大，誰就要作你們的用人。
馬太福音 23：11

如果你花時間為人代求、為人祝福禱告或是高舉其他人，即使有時候你覺得這些人不配得到這些祝福，但是你還是去真心為人代求、祝福，神會賜加倍祝福給你。這個經驗也會打開你的眼界。

可怕的主管

神曾經啟示教導我要為人代求，但是我花了近三年的時間才真正明白這樣做的真理。

在我的職業生涯中我遇見一位脾氣很壞、虛假、且毫無道理可言的主管，不用我多加描述你可以想像他是有多壞的一個人。

在工作場上，他總喜歡在眾人面前對我大吼大叫的使喚我，常威脅要開除我，老是讓我加班到很晚等等。我總是會為他向神禱告，我的禱告內容多半是「神啊！我為我的主管禱告，我希望當他被公車撞時，他不會受到太多的痛苦而死去！」我對他沒有一點的愛可言。然而我沒注意到的是，神根本沒有要毀滅這個人，神愛他、祂也希望他能得到拯救。

有一天晚上，我坐在我的禱告椅上向神禱告，我祈求神可以讓我的靈從這個邪惡的主管對我所做的事中得釋放。上帝啟示我說：「我要你開口去祝福你的主管。」我不確定這是不是來自於神的話，或者是說我不敢相信我所聽到的。然而我還是順服神的話去做，我開口為他祝福禱告，求神釋放他的靈，從地獄拯救他。我承認我並沒有很熱烈地為他禱告。

接著神又對我說話了，「你必須為他誠心祝福，就好像他是你的兒子一樣！」好吧！如果把他當作是我為兒子祝福一樣的話那的確是不一樣的。雖然花了我一些時間才進入狀況，但是我開始誠心地為他做祝福禱告；我為他生命的每個領域禱告，包括為他的生命、家人、財務甚至任何我可以想到他所需要的

都一一為他禱告。我不敢相信我花了兩個半鐘頭的時間全心為他禱告。

當我禱告完之後，我的屬靈眼睛被打開，我看見神的使者出現帶給我一個小禮物。這個禮物就是信心，信心讓我信靠神所說的每一句的話語。我憑著信心去做神要我做的，雖然我不能明白原因但是因為信心的驅使讓我順服神。神也因此祝福了我。

我真實體驗到，不管我的主管對我做甚麼事，這再也不會在我的生命或情緒上造成任何波動。神已經從中釋放了我，讓我得自由了。而且在禱告兩周過後，這位主管被開除了，神將他從我的生命中挪走了。我在想如果我能早點明白為他代求這個道理，也許我早就輕鬆多了！

如果你想要神給你所求的，你也試試為人代求吧！你做神喜悅的事，神也一定會加倍報償你的。

破除屬靈的干擾

有一天晚上，我正為我一位我很關心的朋友代求，因為我為他的處境感到擔憂。我知道有一首詩歌這樣唱著：「當你能禱告時，為什麼你的心如此擔憂。」事實上，我是真的在禱告，但是我是帶著擔憂禱告的。

我跪下開始禱告，我不知道我要用什麼詞語禱告或是用什麼方式；我決定用方言禱告，我感覺我肩上有個重擔，我更加激烈的持續用方言禱告。我不知道如何可以讓這個重擔消失。過了四個小時左右，我感覺這個重擔減輕，上帝把我挪到另一個空間去，而我正在代禱的那朋友也在那個地方。（你會發現當你為人代求時，出現這時空轉移的現象，這是常發生的。）我看見我站在跟我朋友同樣的一間房間裡，我可以看清楚房間所有的景象，不管是屬世的或是屬靈的景象我都能看見。（我

事後也跟朋友證實我所看到的，的確是他所在的地方。）

透過這次的經驗，神教導我如何為別人代求。所以我可以完全明白神要我們為他人代求的旨意。

耶穌基督也曾經是神的僕人，到如今祂也還是做同樣為人服事的事工。這就是我們良善的天父所做的。如果你渴慕像耶穌基督所做的為人代求的服事。祂也會非常喜悅你犧牲自己的時間去服事幫助別人，祂一定會大大祝福你。

迫切的禱告　直到神成就

我曾經為我的禱告感到羞愧，因為我沒有很認真和迫切的態度為一些很重要的事情禱告。

有一些禱告只有維持三十秒，例如：「神啊！醫治我，醫治我吧！」或是簡短快速為很多事情禱告。但我感謝上帝一直是位充滿慈愛憐憫和耐心的神！神啟示我有關迫切禱告所帶來的力量。

迫切禱告是一種有力量的禱告，你必須一直持續不斷的禱告直到你感受到事情已經成就了為止。

當你在為某人或某件重要的事禱告時，你會真實感覺到這是一種重擔壓在你的身上。而這重擔會轉移到屬靈的國度裡，在那裏你會感到你的重擔被抬起或是變輕了。這只是簡單的形容甚麼是迫切的禱告所帶來的力量。「禱告可以翻轉所有景況」，這句話並不是個信仰金句，而是強而有力的事實。禱告不但是轉變的機會，也是神賜的權柄，更是強大的武器！這種迫切的禱告力量可以打開我們屬靈的眼界。

只要信 就必成就

麥海士（Mahesh）和邦妮·喬德（Bonnie Chavda）夫婦是來自美國北卡羅萊那州 夏洛特（North Carolina Charlotte）萬國教會（All Nations Church）的牧師，他們很了解迫切禱告所帶來的翻轉。有一天麥海士接到一通很緊急的電話，有一對絕望的夫妻向他們尋求協助，因為他們的女兒有生命的危險。醫生宣告他們的女兒只有幾天的生存時間，他們沒有其他辦法可以再治療她了。

這對夫妻告訴麥海士，上帝告訴他們：「要立刻打電話給將軍」，他們知道那位將軍就是指麥海士。麥海士和邦妮同意接受這個任務，他們開始為這位女孩迫切的向上帝祈求，也邀請耶穌進入他們的禱告中。麥海士分享他們在禱告中看見超自然的動工在這小女孩的肝臟上，她身上每一個細胞也被更新。

麥海士、邦妮與耶穌一起為這小女孩禱告了整整二十六個小時！是的！你並沒看錯，我也沒有打錯字，真的是整整二十六個小時的禱告。

在二十六個小時禱告過後，上帝告訴麥海士和邦妮：「這事我已經成就了！」於是他們趕緊聯絡這女孩的父母，告訴他們上帝已經醫治好了。沒錯！上帝真的醫治好了！上帝已經賜給她一個全新完美無缺的肝臟。連醫生都不敢相信眼前所發生的事情。麥海士和邦妮他們倆的迫切禱告達到上帝面前，上帝成就了一切的事。你也開始學習迫切的向神禱告吧！

當你渴慕尋求屬靈眼睛被開啟的同時，也迫切的將你的渴慕向神禱告。傳道家納維爾·強森（Neville Johnson）曾經說過，有時我們必須迫切恆心的禱告才能衝破屬靈的干擾，只要你持續這樣禱告，就會成為你禱告的一個習慣。

命令、宣告和發預言

你應該知道神的話語是大有能力的。你知道當你宣告神的話語時，你可以來扭轉你生命的任何景況。這就是為什麼神說的每一個字和每句話都是如此的重要。

我每天都與我的家人訴說和宣告神的話語。我宣告神的祝福在我家人和家中運行，我使用神的話語來祝福我家裡每一個角落。你都可以從聖經裡找到很棒的經文，例如

……至於我和我家，我們必定事奉耶和華。
約書亞記 24：15

凡攻擊你造成的器械必不利用……
以賽亞書 54：17

因他要為你吩咐他的使者，在你行的一切道路上保護你。
詩篇 91：11

天使是聽上帝的話語而行動的。所以聖經上面記載

你定意要做何事，必然給你成就；亮光也必照耀你的路。

約伯記 22：28

你心裡承認神的話語的大能，且你也常用神的話語去宣告。當你宣告時，神話語所散發出來的權柄就在此掌權，你的屬靈的眼睛會被開啟且看得更清楚。

神非人，必不致說謊，也非人子，必不致後悔。他說話豈不照著行呢？他發言豈不要成就呢？
民數記 23：19

我之前還未明白神話語的能力，直到有一次機會我聽到巴比·康納的教導。有一次上帝交給他一項重大任務；那陣子正值著森林大火，大火燒毀了好幾千英畝的森林，而且還是一直延燒著，沒有人有任何的辦法停止這場火。而且正發生在八月的乾燥悶熱的天氣裡，大火就這樣持續不停地燃燒。上帝問巴比：「你仍然還要繼續坐視不管這場大火嗎？我要差派你去發預言，我要降下大雪來停止這場火！」

於是，巴比立刻飛到大火所在處的蒙大拿州（Montana），他站在靠近火源處的高山上禱告，預言將會有大雪降下來滅火。隔天報紙就用斗大的標題報導這件奇蹟。標題寫著：「神奇的大雪成功撲滅大火！完美的傑作！」

巴比的這個見證一直留在我心中；有一天，我為我心中有一件很重要且困難的事向神尋求賜給我信心來勝過這個考驗。上帝提醒我有關巴比降雪的見證；於是我放膽跟上帝求：「神啊！我沒有信心且不確定你會不會解決我心中擔憂的事，我能向祢祈求一個印證來幫助我拾起信心嗎？」神回答說：「沒問題，你說吧！」

因著巴比降雪的見證，我也奉耶穌基督的名命令：「此刻、現在就要降下雪來！」我是住在印第安納州（Indiana），而且現在也是炎熱的八月，室溫大約在華氏   70
度左右。但是我相信神的名是至高的，在神沒有難成的事。

因為工作的關係，這天我整天都在外面開車；同時我也一直注意天空的變化。整個早上和下午我一直注意會不會下雪。最後我在傍晚的五點多時放棄去找尋找有沒有降雪的希望了。大約在晚上七點多時，我很輕鬆自在地開著車，聽著車上的路況廣播。突然間我看到雪片掉在我的車上。

我對我所看到的景象實在是太興奮了，我幾乎開心地要暈倒了。我看著雪片不斷的落下，持續差不多十幾秒的時間，然

後我大叫：「天啊！這是不可能發生的事！我不敢相信真的發生了！」當我口裡說出「不可能發生」這些話時；雪瞬時間停止降下。於是我跟上帝抱怨，為何他這麼小氣，才讓我看到一點雪而已。而上帝告訴我，是我自己宣告這是不可能的，所以是我自己讓雪停下來的。祂教導我要隨時警醒自己嘴裡所宣告的話語。

這就是宣告神話語的力量。祂可以為巴比降下大雪，祂當然也可以為你打開你屬靈的眼睛。命令並宣告神話與的大能來打開你屬靈的眼睛。宣告神掌管你的眼睛，為你的屬靈眼睛發預言宣告：**「奉耶穌基督的聖名，我的屬靈眼睛必被開啟！」**

實際操練步驟

與神國連結

迫切禱告---

選擇一件對你來說非常重要的事去禱告。使用我在這章所提到的方式迫切禱告，將你全身的細胞，整個心思意念沉浸在禱告裡。。專心注意在你所禱告的事情上。剛開始操練最少要花上十分鐘以上的禱告時間。當你越常操練時，你越發現越容易進入狀況，而禱告時間也會越來越長。

為人代求---

在你的生命中有沒有任何人，你從未想要為他禱告的。祈求神給你一個你可以為他禱告的負擔。你花一個小時來為他祝福禱告，祝福他生命的每一個層面。這樣的祝福禱告是沒有人願意為他做的。在禱告完之後，靜靜地坐著等候神的旨意，聽聽看神也沒有要啟示教導你的話語；或者是繼續為更多有需要的人禱告。

命令、宣告和發預言----

想想你最近有沒有任何棘手的問題要處理的。每一天將你的問題帶到上帝面前，奉主的名命令這些問題將要被解除。你持續一個星期這樣命令，你也看見神正在動工。每天早上和晚上都奉主的名宣告打開你靈裡的眼睛，點亮你的心。並且在你的屋子

行走宣告和預言：「我的家是神的聖殿，是進入天國的通道，這裡充滿神的使者，神的榮耀照亮且運行在我家的每一個角落！」

當你持續做這些操練時，你會敏銳感受家中的屬靈氛圍正在改變。當家中的屬靈氛圍改變時，透過這些操練，你會發現你身旁不斷有新事正在發生。

第八章

尊榮與定睛

他對我說：將這默示明明地寫在版上，使讀的人容易讀。哈巴谷書 2: 2

養成紀錄的習慣

我建議你要養成紀錄的習慣，買一本筆記本或小冊子，可以方便你隨手紀錄神每一階段引導你的過程。因為你在尋求屬靈眼睛被開啟的過程中，神會給你不同的恩典和啟示，你都必須把這一些點點滴滴記錄下來。我也是這樣把我所經歷的都詳細紀錄。只要你有紀錄的習慣，這也是在告訴神你非常重視神每一步的帶領。

每一個看起來微不足道的細節都是很值得做紀錄的，例如你看到的每道閃光、一些小亮光或是你感受到身邊屬靈氛圍的不同；甚至你的夢境都可加以記錄下來。當你敏感的去感受這些變化，記錄下每一個體驗，這也是榮耀神的方式。記錄更是一個展現信心的表現，這顯示你對上帝所帶你經歷的都是非常重要且珍貴，這些都很值得花時間作完整的紀錄。

當你開始紀錄，這同時地在聲明：「我期待將有神奇的事情要發生！」

紀錄有一個很棒的優點是，你永遠都不會忘記你所經歷的事。因著紀錄的習慣，你會隨時提醒自己神曾經給你的啟示。我發現很多人，包括我自己都有一樣的問題，我們常常經歷很多神蹟奇事，但是過不了幾個星期，我們卻容易把這樣的經歷完全忘記。有時候我會有點沮喪覺得神最近很少跟我說話，這

時我會把我的屬靈紀錄本拿出來翻閱；我才會發現原來神不久之前才跟我說了很多話呢！

養成穩定的紀錄習慣將會有更多經歷神的機會。你所做的異夢或接收的啟示會越來越清晰和重要。上帝會藉著你紀錄的習慣來讓你成為別人的祝福。當你為他人禱告的時候，就會發現你會為他們的景況做異夢和接收啟示。不管你是醒著或是熟睡，你的屬靈眼睛都是開啟隨時接收神給你的信息。

持續紀錄的習慣，把每天所看見的和領受的都記錄下來，讓你每天在靈裡永遠有最「新鮮」的看見。

向神獻上感謝

有時要我們對一些不懂感恩的人為他們祝福是難的。當你給他們二十元幫助他們時，他們連說聲謝謝都不願意；那下次你還願意掏一千元來幫助他們嗎？

你要明白隨時向神獻上感謝的重要性，為神每天的引領，讓你一點點看見屬靈世界的恩典獻上感恩，即使只是一點點的看見都很值得讚美神。我都會為我的每一天和神讓我所看見每一個亮光，獻上我的感謝。為著一點小進步就學會感謝神，也許你覺得這些小事沒有很重要啊！但是如果你隨時把感謝神養成習慣之後，一點點小恩小惠的發生都是非常重要的。

不要排除任何可以感謝神的機會，不要以為這些感謝是微不足道的。永遠在神的面前保持一顆謙卑的心和榮耀神給你的每一個小恩典，這些都會永存在你的生命裡。

操練你的感官

任何事情要成功都是需要有操練的過程。這個觀念也是適用於屬靈的操練上。如果你是在傳統教會長大的，也許對屬靈操練的認識會有所不同。你可能被灌輸我們現在擁有的能力都是來自至高的神，所以我們無法有任何方法改變現在的任何景況。

但是這樣的的觀念卻不是我在聖經上找到的教導，也跟我親身經歷的有所不同。當我選擇整天花費我的時間耗在電視機前，我不會有任何來自神的異象或啟示。但是如果我選擇花時間來到神的面前，聽神的聲音；我就可以接收到神的啟示和看見神的使者帶來的指引。這就是我自己的選擇！

你會問，那到底要如何操練我們屬靈的敏感度呢？『專注』是第一個最重要的步驟。你已經明白屬靈世界與我們生活有緊密的關係，存在你的眼前，隨手可得，等著你去看見。而『安靜』是重要關鍵；如果你的注意力被屬世的事物所吸引，你就無法安靜地專住去看見和聽到屬靈世界裡任何的聲音。

當你決定花一些時間來做『屬靈操練』時，即使剛開始只能專注兩分鐘或五分鐘，但這總比花一小時，而你的心老是想東想西無法安靜下來要好多了。

當你專注感覺身旁的屬靈氛圍，你的全身感受力集中在那小小的波動裡。這就譬如是，當你注視你花園前的大樹時，你把專注力放在大樹跟你之間這個『空間』裡。

我曾經花一整個夏天的時間來做這樣的操練，因為那時我花大部分時間在戶外走動。過了幾個月的操練，我可以在幾分鐘的專注力裡看見屬靈世界和屬世世界的不同。我點燃我屬靈裡的火，就像炙熱夏天裡的柏油道路一樣熱的冒煙！

當我花時間在等候神的時候，我也會訓練我的所有感官知覺。專注在你所有的感官知覺，這是很關鍵的。當你眼睛緊閉時，你仍夠專注在你所看見的或是你耳所聽見的；當你能看見或聽見任何不是屬世的事物時，你的屬靈敏銳度已經被提升。

在操練的過程中要放鬆自己；因為如果你全身的狀態是緊繃的，你會失去操練的信心。你不需要擔心或是掙扎，上帝正在你身邊幫助你突破所有的困難，因為祂知道你渴慕的心；不要放棄，繼續尋求和榮耀神的同在。

隨時保持屬靈感知的敏銳度，無時無刻去感受、觀看四周的氛圍；不要覺得你得需要休息幾分鐘，想想我們有曾經放下過我們對屬世世界的任何看見嗎？並沒有，對吧？！因為我們一睜開眼隨時都在感受屬世世界的動靜。

屬靈操練的最佳時間

我並不相信這世界上有任何巧合存在，而我發現最佳屬靈操練的時間也並不是巧合。最棒的屬靈操練時間就是在深夜或是清晨這兩段時間，你可以操練自己的屬靈眼睛來看見屬靈世界。

蓋瑞·歐提司（Gary Oates）牧師在卡羅萊納州北方的一場特會上曾經教導過，我們在清晨時最能跟神有親密的相遇，因為清晨的時間是最安靜沒有吵雜的聲音，也不會有任何屬世的事來吸引你的注意力。我想你也同意我們在下午的時間總是有很多事需要操心，清晨的操練會避免有分心的狀況產生。

如果你在深夜能夠安靜躺在床上而不會睡著的話，這也是個很好操練時間；在睡前的黑暗中可以訓練你的感官知覺。你確定你的房間是昏暗的，如果你覺得太黑，只點一盞小燈也沒關係；你就靜靜地躺在床上，睜開你的眼睛，靜靜的感受和觀看眼前任何的變化。

你可以將你的注意力集中在一塊「並沒有很暗」的地方，你會看得比較清楚。因為如果太過黑暗，我們的肉眼無法找到讓注意力集中的地方。找到房間裡一個有點微亮的地方，專注在那邊，盡量把目光從房間的家具移開，可以注視天花板，這樣你的專注意力不會被家具所干擾。

只要你真能全神貫注一陣子，大約幾分鐘（大約　　　　　　　10分鐘左右），你就可以看到一些微小的變化；例如，一些閃爍的光影或是顏色。要注意你自己的感覺，不要太過於緊繃，要放輕鬆地去觀察。當你能越放輕鬆，你越能看見眼前更多的變化。這樣持續操練幫助你看見肉眼看不到的屬靈世界。

在我家中的活物

以前我不知道我家中的屬靈氛圍是如何。當我們在家中禱告時，總是希望神能賜給我們一個神的使者來看顧我們的家，但是可能神不只賜給我們一個使者，也許祂是賜給我們十個呢！

有一天深夜，我躺在床上正在做屬靈眼睛的操練。我專注看著我的房間，我並沒也期待會看見什麼東西；突然間我感覺好像有東西快速的移動到我的右邊，我試著看看到底是什麼東西。我的眼目搜尋四周大約過了四十幾秒左右，我看到房間角落某一處有一個像馬的臉。當我想像越仔細的看時，這個活物知道我在看著他，他飛快地從我身旁離去，我可以推測他體型差不多有三十尺長左右，他移動的方式好像在水裡游泳一樣。

當我看到這個活物時，我並沒有任何的懼怕或是他是邪靈的感覺。我相信他就是一種屬靈世界裡的活物。我感受到他也是像神的使者一樣在家中看顧我們的，這是非常奇妙的經驗！

當你屬靈的眼睛被開啟的時候，你也會有類似的經驗。千萬不要為你可能會看到的東西而感覺到害怕或恐懼，你要記得神與你同在。即使你看見不好的東西，祂也會保護你給你得勝

的武器爭戰，同時祂也希望你能夠放輕鬆享受這段旅程！！

等候神

求你以你的真理引導我，教訓我，因為你是拯救我的
神；我終日等候你。
詩篇 25：5

等候神是我每一天最期待也是最喜歡做的事。如果你真的渴慕
尋求開啟你屬靈眼睛，和屬靈世界有所連結的話，等候神是一
定要做的事。當你等候神的時，這就是向神表明你將自己和你
的時間完全交託給神。不管你需要神什麼樣的帶領，你也都在
告訴神，我的時間就是祢的時間！

我目前經歷過讓我難以忘懷的經驗就是發生在等候神的時候。
你並不是單獨經歷這些冒險，上帝祂差派使者在四圍保護你，
而祂也會帶領你看到這是真實的，當你需要幫助時，他們都在
身旁。

在我眼前的天使

我在等候神時發現一件有趣的事；每當你在專心等候神時，這個
時間通常是神的使者正在近距離『審視』你的時候。我在等候神
時，我的屬靈敏度是很敏感的，我會感覺身旁有東西靠近我；當
這個情況發生時，我會睜開眼睛去看看身邊有什麼東西。有很多
次我看見神的使者的臉很近的看著我，他們可能想看看我是不是
還醒著，或是想帶我進入屬靈世界裡。他們可以帶領我做任何的
事情都是沒問題的。

在靈裡面禱告

當我完成等候神時，我會從我的禱告椅上站起來，然後走遍整個屋子，舉起我的手，用比較低聲的音量為我的家作禱告。當我完成所有為家中的祝福禱告之後，我會回房間睡覺；但有時候我還是會回到我的禱告椅上確認我的「身體」是否還在椅子上，我得回去「取回」我的身體然後再回床上睡覺。

超越距離的服事

我接下來要分享的這段奇妙的服事就是發生在等候神的時候。這一天晚上我花很多時間在神面前禱告、敬拜和等候祂的指引。（我必須要向你說明，我並不是一定硬要邀求你跟我一樣花很長時間來做這些禱告、敬拜和等候。如果這只是微不足道的小事，我也不一定會去做。）總而言之，這次我花很長的時間在等候神的帶領，我甚至跳過為家裡行走禱告的程序。

我記得那天大約是凌晨四點多，我想我已經等候神很長時間了，我得去拿點東西喝因為我實在是太渴了。當我路過地下室的門要通往廚房時，我看見地下室的燈是亮著的。於是，我走到通往地下室的門口大聲問：「有人在樓下嗎？」我沒有聽到任何回音；我想有可能是我自己之前忘了關燈了吧。接著我想在睡前先走出家門口呼吸一下清晨的空氣再上樓補眠。

當我一踏出家門口，我發現我身處在另一個地方。我正站在某個地方的某個教會門口，眼前有很多人好像正在參與一場特會。我為正在經歷的事感到震撼和興奮時，我從教會外的草坪上看見一位弟兄，他看起來與我同年齡且他臉上有灰色鬍毛的黑人弟兄。雖然我不認識他，但卻有意念告訴我他的名字叫做約瑟（Joseph）。神指示我要去給他一筆錢，而這筆錢祂已經放進我的口袋裡了。

於是，我走到那位弟兄的面前對他說：「這筆錢是要奉獻給你的！」然後我就轉身離開，他向我大喊：「天啊！這筆錢可以足夠買三大箱的食物呢！」他非常的興奮和感動。

我忽然明白，原來神『移動』我到這個地方來完成祂神國的事工。我當場很想要弄清楚我現在是在哪裡？這位黑人弟兄約瑟到底是誰？我想我可以等回到家中再用網路查詢一下！

接著我看見兩位姊妹正要從我面前經過，於是我問她們：「可以請你們告訴我有關約瑟這個人和他所做的事工嗎？」其中一位姊妹回答說：「你還可以有很多時間來認識約瑟，他整週都在這裡服事呢！」然後她說：「我們來為你禱告吧！」這兩位姊妹就把手放在我身上為我禱告，接著神就瞬間把我帶回家中。

回到家中的這二十分鐘裡，我感覺被強大的電流所充滿的感覺。這個經驗實在是太震撼了！

現在你能了解為什麼我這麼喜愛等候神了吧！

突破所有困難

接下來我要與你分享我如何等候神？整個等候神的過程是如何進行。這並不是一個制訂的公式。聖靈在這個過程中都在帶領你，祂會親自啟示你更多更棒的方式。但也許我的經驗對你會有很大的幫助，因為我曾經從很多屬神的屬靈肢體們身上吸取有關等候神的教導。如果你願意跟著這樣操練，你將會打開你屬靈的眼睛。

通常如果我計畫今天深夜有一段長時間的等候神時，我會在當天下午讓自己先小睡一下。我會睡差不多一個小時左右，這樣會幫助我在夜晚等候神的過程時不會打瞌睡。

到了夜晚，我會確認家中每一人都沉睡之後，我就會到樓下坐我的禱告椅上。我的禱告椅放在客廳裡，我來說是又大、柔軟且舒適的椅子。有時候我會跪在我的禱告椅旁禱告，祈求耶穌降臨來帶領我；我就這樣跪著禱告一陣子或是幾分鐘。接著我會坐在我的禱告椅上，盡量用最舒服的姿態坐著；因為如果你處於不是很舒服的狀態下，當你禱告時，這將會成為你的干擾。

接著我會先悔改我生命中一切知道和不知道得罪。我祈求上帝挪去我一切汙穢和冒犯得罪神的地方。有時候我也會懇求神差派一位手裡拿著炭火的撒拉弗來潔淨我。

然後，我會安安靜靜的坐好，我會特別在這裡強調這點的原因是，如果你把注意力放在你的身體的任何動作上；例如，三不五時抓抓鼻子、又調整一下眼鏡或是過多其它的動作，你已經分散你所有的注意力了。你正在努力把你的所有注意力和精神從屬世世裡連結屬靈世界，所以我相信你並不想要注意力被那些瑣事所打擾。

當我可以很舒服且也很安穩安靜的坐在我的椅子上時，我會把眼睛閉上。有時候我會在我意念裡思想耶穌的樣子。這個操練就好像我請你閉上眼睛，然後試著『看』到你家是長甚麼樣子的。或者，有時我也會默想某個聖經裡的經文或是這陣子神啟示我的任何異象。

然後我開始等候神。我抱著期待的心等候神跟我說話或是任何顯明祂自己的方式。我會專心『聆聽』，就好像我處於戒備的狀態；我必須全神灌注得聆聽任何奇怪的聲音，不管那聲音有多麼微弱。總而言之，我非常積極的去聆聽。我讓我全身所有知覺感官都處於敏銳的狀態，去接收和感受任何不尋常的聲音或氛圍。

雖然我的眼睛是緊閉的，但我努力的『看』有沒有任何亮

光或顏色，這些變化是跟你平常閉眼睛所看到的是不一樣的。

當我專心『看』和『聽』時，我發現我所感受的不再是屬於這世界，身旁的氛圍開始變化。我的屬靈感官勝過所有屬世的感官。當我的屬靈感官完全打開融入時，我所看到的就是屬靈的世界。所以當你等候神時，你能看到神的使者們在你身邊走動是很正常的現象，他們會在你身邊服侍你或是與你同工。他們總是一直在你身邊的，也許當你看見他們時，他們並沒有一定跟你有任何互動；因為他們有其他的事工正在再進行，但是你還是可以清楚看見他們，因為你的屬靈眼睛被開啟。

最後我只想再提醒你很重要的一點，我們身為基督徒，我們也權力去渴慕和期待神來拜訪我們、顯明給我們或擁抱我們，甚至任何神想要給你的祝福。

有了我的命令又遵守的，這人就是愛我的；愛我的必蒙我父愛他，我也要愛他，並且要向他顯現。
約翰福音 14：21

想像力

想像力這個話題一直在教會裡總有一些不同的聲音。當你提到想像力這個主題，就會有人來提醒你有關『新世紀學說』的觀念，他們會警告你，新世紀學說的信仰者就是用這想像力所發展出來的；接著他們又會擷取聖經某個經文來勸你放棄運用你的想像力，而忽略整段經文真正的意思。

想像力是上帝賜給我們的禮物。在伊甸園裡，亞當必須運用他的想像力來為所有動物命名。有人會將想像力運用在好的地方，當然也有人使用在不好的地方。我們想像力必須要被潔淨，然後要有神的旨意在我們的想像力裡。

還有一個對於想像力的觀點曾深深影響我，在我小的時候常被教導想像力是『不真實』或者那是『假裝』的。想像的能力總是被冠上那是不真實或是不重要的事。當神開始啟示我想像力是一種很大的力量，可以成為開啟你進入屬靈世界的鑰匙時，我從過去所被教導的這些不正確的觀念中釋放出來。

我們怎麼能去『假裝』本來就存在的事實？我不想『假裝』我能看見神的使者，我要真正的看見他們！

我們首先必須要明瞭一個重要的事情，那就是我們的心思意念是連結屬靈世界溝通的橋樑。當你與神的使者談話或是與魔鬼談話（綑綁斥責牠）的時候，你是不需要要張開口發出聲音的。當你禱告時，你也並不一定要禱告出聲音。上帝不但可以聽到你心裡面的禱告，祂連你的情緒都一清二楚。你可以用想像力禱告；你可以想像你鞠躬在耶穌腳邊禱告、讚美和敬拜祂，祂會完全領受你真誠的禱告。

只是我告訴你們，凡看見婦女就動淫念的，這人心裡已經與她犯姦淫了。
馬太福音 5：28

想像力對來說神是真實的

使用你的想像力成為你信仰生活中的一部分。使用想像力去禱告和敬拜。運用你的想像力去等候神，甚至為人醫治禱告。練習運用你的想像力，想像自己在聖經故事中的某一個場景，去想像當約翰和以西結他們所看見的異象正發生在你身上。你將會親自體驗到並且真實經歷這些場景中。開啟你這超自然的經歷就是運用你的想像力。

更多的服侍

在這等候神的經歷中，我想像我被帶到第三世界的國家為生病的人禱告。我會『飛』到那裏，為重病的人禱告之後再

『飛』回我的家。我也懇切的跟神說：「神啊！我願意做一切你想要我做的服事！」上帝沒讓我等太久就回應我的禱告，祂真的照我所求的為我成就了。在聖經裡也有這樣穿越時空距離服事的例子，而現今這些超自然的事仍然在世界各地不斷發生中。例如布魯斯·艾倫（Bruce Allen）、伊恩·克雷頓（Ian Clayton）和麥海士（Mahesh Chavda）等等。讓你的名字也加入在這個行列裡吧！

實際操練步驟

與神國連結

養成記錄的習慣----

開始進行每天記錄的習慣吧！首先向神禱告，祈求神用祂的超自然大能帶領你，讓你每天的紀錄裡填滿榮耀神的事蹟。

操練你的感官---

選定一個適合你操練的時間，不管是晚上還是早上；然後花十到十五分鐘去感受那未知的屬靈世界，並且當你等候神的時候也做這個感官的操練。

等候神---

等候神是在神的帶領下經歷超自然的唯一途徑。請不要忽略等候神的重要性。當你做到等候神時，你決不會失望的！試著用我建議你的方式去等候神，你必須花上四十五分鐘到一個半小時的時間。如果你能花更長的時間等候神，甚至如果你明天不用早起的話，那可以等久一點，即使得花上一天的時間！

運用想像力---

挑選一段你喜歡的經文，然後想像你正在這段經文的場景裡。想像那段經文的場景、聲音、味道、感覺和情緒。試著說服你自己至少一週做兩次這樣的操練直到你有得到明顯的超自然經驗為止。

另外，我推薦林恩·派克(Lyn Packer)
一本很棒的書，這本書也會幫助你了解更多屬靈世界的看見，

書名是「異象、造訪與神的聲音」（Visions, Vistations, and the Voice of God）。

第九章

滋養你的靈

叫人活著的乃是靈，肉體是無益的。我對你們所說的話就是靈，就是生命。
約翰福音 6：63

在我們信仰生活中有些事是必須要常常做的，那就是常禱告和熟讀聖經。還有其它也是很重要的事，例如：穩定主日聚會和服事。這些都是我們基督信仰生活的一部分，當然還有包括屬靈眼界的擴張。

在我經歷屬靈眼睛被開啟的旅程中，有一些信念對我來說是十分重要的，這也是讓我的屬靈眼睛被開啟的主要因素。接下來我要跟你分享這些重要的因素。

見證複製見證

生活在神超自然的見證氛圍下，任何神奇的事都可能會發生。來自加州雷汀市的伯特利教會的牧師比爾·強生（Bill Johnson）曾經說過，見證深遠的意義就是『見證會複製見證』。見證會驅使你和激發你去相信心裏所渴慕的。神並不偏袒任何人，祂曾對其他人做的事，如今祂也會在你身上給予同樣的神蹟。

與熱愛見證的人交往

我的太太戈爾達娜有一位朋友常常來跟我們一起團契。每當我們談到上帝美妙的作為時，我們會互相分享我們所看到或

聽到的見證，這時她的臉上總是閃耀著金黃色的亮光。分享見證是最棒的一件事了！上帝用神蹟、奇事來向我們證明祂的話語是真實的。

分享或複製你所知道的或曾經歷過的神蹟、奇事的見證、和上帝曾賜下給你印證，這些都會給你生活帶來更多的屬靈影響力。你榮耀神為你所做的事，那祂也會繼續顯明在你的生活中。即使你不榮耀祂的作為，祂也不會強迫你去做。

我有一位朋友告訴我，有一個電視節目在每一週特別介紹在這個世界上，上帝所做的的神蹟奇事、異能和不可思議的事情！

這是超自然的作為！

一位同時具有福音傳播者、創作家也是這電視節目的主持人，他是席德·羅斯（Sid Roth），他致力推動神的使命，讓人有機會透過節目進入神超自然的世界裡。雖然我已經忘記我第一次看的節目內容了，但是我和太太在過去四年裡從來不會錯過任何一集節目。

老實說，透過觀看和沉浸在這節目的內容裡，已經帶給我和家人經歷很多超過我們所求所想美妙的經驗！我要再次強調，這就是見證的強大力量。當我看著這個節目就足以點燃我的渴望和信心。席德在節目中很清楚的強調，任何人都可能來節目為神做見證，因為神蹟、奇事都會發生在每一個人身上；『超自然』的事不只發生在牧師或傳道家身上而已。

這些事都有可能發生在我們每一個人身上！可以擁有超自然的眼界、感官、神蹟、奇事、醫治和百般的異能，這些事對我們基督徒的信仰生活中來說應該是很常見的事。

這個節目可以是你靈裡的糧食。我給你中肯的建議是，盡

可能的吃進去從這節目得到的所有『靈糧』。

透過每一次的節目內容和嘉賓所分享的經驗，讓這些神奇的見證充滿在你的生命裡。跟這些在屬靈裡有洞察力的人學習。你也試著跟著節目裡嘉賓們所帶領的決志和呼召禱告詞一起禱告。建議你這樣做的原因是，你不是以娛樂的態度來看這個節目，而是讓你有個管道可以餵養你的靈。

與神相遇

「麥克，你說的都是真的嗎？我的生命會因為看電視而翻轉？」我很開心你會提問這個問題。在一次的節目中；席德訪談布魯斯·艾倫博士（Dr. Bruce Allen），布魯斯是一位神的僕人，他在教導人們如何經歷神國超自然的世界；我在他的教導裡立刻領受到一個關鍵的態度就是『去嘗試』。布魯斯分享有關要如何安靜的坐好，然後眼睛緊閉來等候神，然後你就會看見神要顯現給你看的事物。他又說，你必須有期待的心去期望神要顯明一些事給你。

隔天當我剛好有一些時間時，我就照著他所說的操練。大約過了四十分鐘，我意識到我正在用很快速的速度移動，即使我知道我正在安靜的坐著。這樣的感覺嚇壞了我，於是我站起來走動了一會兒，跟神悔改我對這現像產生恐懼的罪。於是我繼續再坐下安靜一會兒；這次大約過了二十分鐘，我又意識到雖然我坐在很安靜的家中，但是我可以聽見一些奇怪的聲音。此時我又嚇壞了，然後又跟神認罪；因為我還不習慣經歷兩個世界同時存在的感覺。

接著我又做了第三次靜默，但是沒甚麼事發生。我想：「糟了！我把神給我的機會給毀了！」後來我躺在床上向神悔改，我告訴上帝我真的對祂很抱歉，我讓恐懼佔據了神祂原本要給我的美好經歷。接下來發生的事是超過我所求所想的。

突然之間我被帶到與星辰同在的空間。我也飛到最高處是

你無法想像的地方，我一點都沒有任何恐懼。然後我下降到大海裡，我看到海洋裡美輪美奐的景象。當我站在海裡的底端時，我聽到耶穌跟我說話。這是我至今唯一的一次聽到祂真實的聲音。祂告訴我說：「你瞧！我帶領你來到海洋的最深處。」上帝親自帶領我經歷詩篇 139 章所描述的景象。

我往哪裡去躲避你的靈？我往哪裡逃、躲避你的面？我若升到天上，你在那裏；我若在陰間下榻，你也在那裏。
詩篇 139：7-8

這是多麼神奇的一個超自然的經歷啊！

活在超自然的屬靈氛圍

多與有屬靈洞見的人在一起，或是與這些在屬靈領域上有恩膏的人接觸；因為當你這樣做，你的生命也會被他們所影響。你應該跟這些屬靈肢體們發展良好的友誼關係。你也可以多參與那些榮耀神美好作為的特會或課程。靠近那些你渴望擁有與他們一樣恩賜的人。如果你有機會參加一場特惠，盡量靠近演講者。如果他們有代禱者為人服事的話，盡量過去讓代禱者為你禱告。如果他們沒有代禱的服務，你也可以禮貌的詢問是否可以請他們按手在你身上。我發現這些在靈裡很有神恩膏的僕人們都是非常親切的。

天使的盾牌

在 2010
那一年裡我在俄亥俄州（Ohio）參加一場由先知和讚美詩作者約翰·貝特（John Belt）與他的妻子布蘭蒂
（Brandi）所舉辦的特會。其中一位講師是福音傳道者/牧師萊恩·懷特（Ryan
Wyatt）。他教導如何經歷超自然，還有如何看見超自然的景象。

他分享他自己操練的經驗和如何實踐在我們的生活中。那是一段很棒的學習時間。經過一天的特會之後，

我回到我的旅館睡覺。當我隔天早晨睜開眼睛的時候，我看見在我頭的左邊有一個圓形，呈現半移動狀態且掛在半空中的盾牌。過了幾秒鐘，這個盾牌就消失了。我已經不只一次又一次的看到這樣的景象。當你被屬靈氣氛包圍下可以打開你屬靈的眼睛。

改變我生命的一場特會

在 2011 年 11 月裡我參加了一場至今改變我和太太屬靈生命影響最深的特會，這場天國文化特會是由柯蘭迪（Randy Clark）、比爾·強生（Bill Johnson）、威爾·哈特（Will Hart）、湯姆瓊斯（Tom Jones）和史帝夫·史瓦森（Steve Swanson）在密蘇里州的春田市裡的 Dayspring 教會共同舉辦。

那次特會共有幾千人參加，大家都是來自不同國家，都很渴慕能更深的與神接觸。那天的屬靈氛圍是非常濃厚且一觸即發的，因此當場就發生很多奇妙的事情。上帝也在當中給我一些知識性的言語讓我可以分享出來；而那天晚上我也是第一次有了預言性的異夢。這是非常奇妙的經驗。

在第二天的特會裡，那天是 2011 年 11 月 11 日，我的太太戈爾達娜則在禱告、敬拜神和講課的過程中竭力的呼求神，從此我們的生命完全改變。

我的太太戈爾達娜是在一個教導接受有奇蹟和方言的教會中長大，但是在這教會裡卻沒有聽說任何神蹟奇事發生過。當戈爾達娜曾經見識過神做過很多奇妙的事，她心中有很大的渴慕去追求擁有可以在屬靈裡經歷超自然的生活。她已經嘗試很多年祈求神幫助她打開這領域的恩賜，但是都沒有任何的結果，她感到心裡很疲乏了。她心裡一直掙扎是否要放棄向神祈求，然後就過著一般正常平淡的信仰生活就好了。這是我們來到這特會以前她自己的屬靈光景。

當在特會裡禱告和講道的過程中，她流淚的祈求神：「神啊！祢千萬不要讓我在特會後還是跟之前的生活那樣活著，祢得做些事情來改變我的景況！」她一直痛苦的哭泣，當我看到她這樣的祈求我心都碎了；但是，我們的神聽到她的禱告了。

老實說，我已經忘記當時是誰或是什麼時候在帶領禱告，我只記得柯蘭迪和威爾同時將手放在戈爾達娜身上為她代禱。突然間，戈爾達娜開始不斷的左右劇烈抖動，這個抖動方式很不像是一個人可以表現出來的。這樣的情況在第一天持續了兩個多小時，在接下來的幾天特會中也持續了二到三個小時。她沒有辦法說話或是走路。她也沒辦法真正控制她的身體。（後來我才發現這是在被代禱過程中常發生的事。）

後來在她能說話之後我才明白，原來那時候是有神的使者來服侍她，他把手放在她的胸口且用力的搖動她。事實上是有兩位使者參與其中，而且至今他們還是常常來拜訪我們。她可以常常看見使者的拜訪，我們的屬靈生命在那次特會之後從此改變了。神的使者們從來不會問我們此刻是不是不方便來，他們是神的差役，他們執行神給他們的任務。我甚至可以寫一本書，主題就是關於神的使者和他們為何而來。

這場特會的屬靈氣氛是你可以從靈裡深深吸取經驗的。千萬不要聽信一些懷疑者的言論，他們會告訴你不要去追求神蹟、奇事或異能。我曾有一些朋友勸我不要跑來跑去去尋求神；他們又說如果是神要給你的，你根本不用跑大老遠去追。但是如果你真的是渴慕尋求神，就去追尋祂。如果你渴慕屬靈眼睛被打開，就去跟那些有這方面恩賜的人在一起。我很喜歡比爾·強生曾針對這話題說過的一段話：

『也許每一個人都說你不應該尋求神蹟、奇事；而我要鼓勵你去追隨直到神蹟奇事跟隨你為止！』

接受恩膏分賜

還有一個很重要的方式可以領受從屬天來的力量，那就是多多與那些跟神有美好的屬靈關係的人在一起。他們身上通常有強大的屬靈力量圍繞著他們。上帝會藉著這些人，將這個力量分賜到你身上，這些力量可以砍斷不屬於你的連結和挪去遮蔽你屬靈眼睛的面紗。當你有機會與這些人會面，他們可能是從世界各地而來的，你得抓住機會與他們接觸。讓這些身上有屬靈恩賜的人將他們身上的恩賜恩膏給你，然後你站在他們面前領受這屬天的恩賜！

打包你的行李，我們要去巴西了！

福音傳道家/ 牧師 麥可·泰勒（Michael Kaylor）之前常被有經驗的人勸告不要跟柯蘭迪到巴西去接受神的呼召。他們告訴他，即使他不去神也是可以完成祂的工作；但是麥可回覆他們說：「是的，我相信神沒有我也可以完成祂的工作，但我要順服神，我要去巴西！」麥可做了一個非常棒的選擇，且神也在祂身上大大動工。他在接受的恩膏分賜的代禱結束後，他的屬靈眼睛被打開，他看見神的使者在他身旁，且也有使者被賦予跟他一起接受去巴西服事的任務，他也看見自己被熊熊的聖靈烈火所洗禮。他身上被強大的力量所恩膏，這種能力他從前沒有過的。你可以從他的書「屬靈世界的探索」（The Adventure of Supernatural Discovery）讀到更多他的分享。

先知的學校

作家/福音傳道家 強納森·威爾頓（Jonathon Welton）曾經去參加一場會議，那天在會議中他從先知/福音傳道家 丹尼斯·克拉瑪（Dinnis Cramer）領受了一個預言。那次的預言開啟了他屬靈的眼睛超過他能想像的。他屬靈眼睛所看到的世界讓他很震撼，他可以看到神的使者、魔鬼和一些他都不了解的事物。

聖靈也在這過程中教導他。我想他一定很慶幸自己有去參加那場會議而領受了這樣的祝福。

為什麼你不飲取？

多年以前我參加一場特會是由先知家包柏·瓊斯（Bob Jones）所教導的課程。當包柏呼召曾經在服事上有被撒旦魔鬼偷走服事機會的人上前來接受禱告。這時聖靈也惟促我要上前去接受禱告；包柏將他的手按在我頭的兩側並為我禱告，並禱告破除我身上的詛咒和為我發預言長達兩分多鐘之久。當我回到我的座位上時，我聽見神告訴我：「我的僕人將手按在你身上為你禱告兩分多鐘，為什麼你沒有竭力的從他身上吸取他的恩賜呢？」我沒有任何藉口或理由回覆神的問題；我的確是抱著一種態度上前去接受禱告，那態度就是我想神會做祂想做的，然後我再領受就可以了。然而這種態度卻不是神想要的。祂期待我們有個飢渴慕義的心，祂也期待我們尋求與祂同在；祂喜愛我們從祂身上支取力量，用一個飢渴的心吸取祂所有的供應。所以你要記住，當你有機會被這些身上充滿恩賜的僕人禱告時，要從他們身上吸取你渴慕已久的恩賜。

人們通常只能恩膏他們所擁有的恩賜。他們都是曾經歷過突破生命中重重的鎖鏈、攔阻和那些抵擋他們屬靈視野的阻撓。當他們為人禱告時，他們也將這股強大的突破力量賜給被禱告的人身上。鼓勵你去尋找身邊在屬靈上有清楚看見的人，請他們為你禱告、恩膏你。現在有很多人就是帶著上帝賜予他們這樣的使命，讓他們去教導和分賜他們所擁有的屬靈恩賜，這些都是為那將來收割之日所預備的。
趕快加入這個行列，預備好自己去領受神的恩典！

建立屬靈氛圍的家

家中屬靈氛圍也是會影響你靈裡景況的很重要的原因。如

果你的家中充滿濃濃的屬天的屬靈氛圍，這樣可以打破所有影響家中成員或是任何一個來到你家拜訪的客人屬靈裡的阻撓。

我在我的家中使用我書中所介紹的方式來建造家中的屬靈氛圍。我們用禱告、敬拜和見證分享來營造屬靈氛圍。我和家人一起讀神的話語也是一個很重要的步驟，我們使用所有的方式來建造有濃厚屬靈氛圍的家。

不停的讚美

我們有長達兩年的時間，在我們的家中每天播放二十四小時的敬拜音樂，甚至是一週七天不停的播放。除此之外，我和家人會在家裡大聲的讀經，唱誦讚美詩歌，敬拜神。這樣做到底會有甚麼改變呢？剛開始，我們有一些還不認識神的朋友也曾在我家中看見過神的使者。有一位朋友的兒子曾經在我們家過夜，他隔天告訴我們，他看見我家中有『鬼』出現，我告訴他那是不可能的事，我家中不會有鬼的。他回答說我們家一定有鬼，因為他看見他們在我家地下室進進出出的。我還是再次回覆他，我們家不可能有鬼，因為我們家有神的使者在看顧著。其實他是看到使者，但他沒有相關經驗的理解力，所以他以為他看到的神使者是鬼而感到很害怕。

有一天晚上，有一位我很久沒見面的表兄來到我們家拜訪並且過夜一天。隔天早上他很興奮的告訴我：「你一定不敢相信昨天夜晚我看到了什麼！」我說：「我相信，你說吧！」他說：「昨晚我深夜醒來的時候，我看見有個東西站在我旁邊而且看著我！」我問他當時是否會感到害怕，但是他說他反而覺得心中非常平靜，然後他又轉身繼續睡覺了。*因他要為你吩咐他的使者……（詩篇 91：11）*

聖靈滿溢的氛圍

如果你想要讓你的家隨處都可以見到神使者的身影而且連

你的訪客都可以感受到上帝的存在的話，你必須要下一些功夫。你可以用油來膏抹你家的每一個角落、房間、門口和你擁有的財物。對你的家發預言。把你家的氣氛建造成像神聖殿一樣的神聖，不管走到哪一個角落都可以看見屬靈的世界。讓你的家成為屬靈氛圍濃厚且滿溢的地方。

以下就是我常常為我的家所做的禱告詞：

我在天上的父，我呼求祢賜下屬天的力量。我呼求祢賜下你的使者環繞在我家的周圍看顧我們。求祢讓你的使者顯明他們的存在，且他們所帶來的力量澆灌在我的家中。父神，求祢讓聖人、先知家、穿著白色細麻衣的人、屬靈的活物和雲彩的見證人充滿在我家中。求祢賜下祢的光和祢的榮耀在我的家中湧流著，這樣的禱告是奉我主耶穌基督的名，阿門！

學習方式

以前你從來不會有像現在擁有這麼多有關預言和超自然教導的資訊。你可以從福音書房買到許多的 CD、MP3、屬靈書籍和電子書；甚至在網路上和 YouTube 頻道裡學習到世界各地有很多身上帶屬靈恩賜的人分享經驗。

CD、MP3 和廣播

現今我們生活在一個忙碌的世界裡，而這些電子產品資源剛好可以充分利用我們的時間。例如開車、做家務或者是在家行動的時間，我們每天都可以運用這些電子產品來聆聽聖經。

當你開車去上班的路上也可以在車上聽敬拜音樂來讚美敬拜神，或是是開車回家的路上可以聽你喜歡的講道信息。我有時候也會在睡覺的時候戴上耳機聆聽我 MP3 裡的敬拜詩歌。這些都是能把屬天的信息充滿生活中的好方法。當然還有一些很好的廣播節目是你可以好好學習利用的；例如「The Company of

Burning Hearts」、「The Glory Company」、和「Chiswick Christian Center」。

電視頻道、DVD、和 YouTube

也許你無法飛過世界的另一端去參加一場特會，但是你可以去買那場特會的 DVD 或是在 YouTube 上觀賞。有些福音機構像是由保羅‧凱斯‧戴維斯（Paul Keith Davis ）所創辦的白鴿事工（White Dove Ministries），他們有網路上的研討會來教導和裝備渴慕尋求走入神所賜的超自然世界。還有由孫大信

（Sadhu Sundar Selvaraj's）創立的耶穌事工（Jesus Ministries），在天使電視台（Angel TV）有很棒的教導。加州的伯特利教會也是透過網路有一些教學。另外還有像是萊恩‧懷特（Ryan Wyatt）、奈維爾‧強森（Neville Johnson）、泰德‧懷特（Todd White）和光中的聲音事工（Voice of the Light Ministries）等等，以上這些管道都提供很多很棒的教學裝備，這些幾乎是不需要費用的。

屬靈書籍

我最喜歡的就是從這些屬靈的書中得著亮光！準備好一枝筆和螢光筆，然後開始研讀那些擁有神賜下啟示的人所寫下來的書。他們所寫的書都是以聖經為依據所經歷的事；在這些人的經驗中有很多很值得你學習的教導。這些書都是由活在屬靈裡、能與神面對面交流和走在神的道路上的僕人們所記錄下來的。我想推薦你一些書，這些書也是曾經幫助我更加理解屬靈世界，也助於打開我屬靈眼睛的書籍：

Open My Eyes Lord by Gary Oates

The School of the Seers by Jonathon Welton

Fasting and Prayer by Steven Brooks

Visions, Vistations and the Voice of God by Lyn Packer

The Seer Anointing by Brenda McDonald

How to See in the Spirit World by Mel Bond

Quantum Fasting by Emerson Ferrell

Eyes That See by Patricia King

Iniquity by Ana Mendez Ferrell

Gazing into Glory by Dr. Bruce Allen

實際操練步驟

與神國連結

見證複製見證---
尋找一個屬靈聚會團體，在那團體裡你可以聽到很棒的見證，同時你也可分享你的見證；如果你沒辦法找到這樣的團體，你也可以把你所聽到的見證和你所經歷的寫下來，花時間去思想這些見證。

活在超自然的屬靈氛圍---
計畫去參與一場特會、會議或是在教會的聚會，在那裏你可以經歷神超自然的作為。讓自己完全沉浸在當中來經歷你所學習到的教導。

接受恩膏分賜---
請你做一些搜尋，查看在你周圍附近有沒有人在屬靈裡有神賜的超自然經歷，他們們身上有你所渴慕追尋的恩賜。即使你只能有一個晚上的時間來領受他們的恩賜，我鼓勵你放下一切去追求吧！

建立屬靈氛圍的家--- 我建議你投資在一個價值不到 20 美金的 CD
播放器裡，然後天天持續在家播放敬拜音樂。即使你沒在聽，你也可以把聲音調小聲一些，但是還是不停的播放；當你離開家得時候你可以把聲音調大聲。也許會有人不太認同這個方式，所以不要把聲音調的太大聲造成別人的困擾，你可不想導致有人隨時都想把敬拜音樂關掉吧！

學習方式--- 尋找一本你想讀的屬靈書籍，或者你想透過 CD 或   MP3 聆聽裡面的信息教導；但是要持續操練這些你所渴慕和尋求到的方法。當你多多操練這些作者所分享的方式，你也會經歷他們所經歷的。神並不會偏待任何人！

第十章

更多的操練
（在這特別的時期）

那些在現今較被認為是不可思議的事情，其實在早期的教會裡，這些都是辛苦付出代價得來的。在聖經裡記載早期的教會裡都能夠經歷擁有異象和屬天的探訪。因為他們在一個充滿神蹟恩典的屬靈文化裡，藉這股力量將福音傳播出去。他們所做的都是跟神有關；當神賜給這些門徒啟示來親自教導門徒時，門徒也會把同樣的教導再傳播給其他人。神不是只有教導他們教義而已；這些門徒都可以同時看見且活在兩個世界裡，透過神給他們的權柄，他們也將這樣的恩典傳揚出去。

禱告是去看見那我們看不見的事；而禁食則是擺脫那些世上看的見和短暫的事物。禁食可以幫助我們表達，甚至更深的確認我們自己是可以犧牲身體上的需要，而渴慕更多尋求神國旨意的。
安德魯·莫瑞（Andrew Murray）

兩千年以前，那些能行神蹟奇事的門徒們是活在視神為自己生命中心而生活的人。他們是完全活在只有神的旨意裡。當你讀到他們可以跟神說話、與神的使者同工，施展神蹟奇事和各樣的異能時；我們很難想像我們也是應該跟他們活在同一個神國家族裡才對。

而在我們現今的生活中，也是有許多人生活在兩個世界裡。對他們來說，他們可以看見那看不見的屬靈世界與他們本來就可以看見的屬世世界是一樣稀鬆平常的事。除了平常他們跟你提起過一些有關神使者來拜訪的例子之外，其實還有上千個相

關的經歷沒能完全跟你分享。例如在聚會進行的時候，他們可以清楚看到此刻屬靈世界所有的狀態，但是他們不會馬上告訴你，因為他們不想打擾你。但是他們樂於分享他們的經歷來教導你可以擁有跟他們一樣的恩賜。他們通常會教導他們操練的方式讓你可以看見和參與屬靈世界中。我也已經在前幾章介紹了許多操練的方式。現在我要讓你更明白為什麼這些人可以看的這麼清楚有關屬靈世界所有景況。到底還有什麼樣的方式讓他們一直可以保持與屬靈世界有緊密的連結？

禁食

我除了曾經從詹尼芬·富蘭克林（Jenteyen Franklin）牧師信息裡聽過有關禁食的教導之外，我很少聽到類似有關禁食的教導。我知道要克制肉體需要是很不容易的，所以也許這是一個不是很討喜的話題。如果禁食很容易執行、我們鐵定常常去做這樣的操練。禁食可以打破肉體對靈裡的影響。禁食是一個讓我們靈可以強大的方式，透過禁食，除去肉體帶來的感覺和影響；因此讓我們的靈有權利可以去做正確的事。當你的靈勝過肉體時，你的靈可以很自由且更容易與屬靈世界有更多的接觸。我們有時忘記耶穌曾經告訴我們禁食帶來的好處；耶穌並不是說『如果』你禁食的時⋯⋯，祂告訴我們『**當**』你禁食時⋯⋯。

當你們禁食的時候，不可像那假冒為善的人，臉上帶著愁容；因為他們把臉弄得很難看，故意叫人看出他們是禁食。我實在告訴你們，他們已經得了他們的賞賜。
馬太福音 6：16

阻擋我們禁食的原因常常是因為肉體的軟弱和心理的因素。當我們能甩開肉體或心理所有感覺時，我們就可以得到神預備好的獎賞了。

在我的觀點看來，禁食是每一個基督徒需要實行的生活方

式。禁食改變了我的思想也因此打開我與屬靈世界連結的重要關鍵。

身體的變化也會牽動靈裡的改變。此外，如果你有固定禁食的習慣，天堂將會為你的生活和思想持續敞開。
愛默森·菲爾（L.Emerson Ferrell）-量子禁食的作家（Quantum Fasting）

我需要禁食多久？

即使你只能選擇一餐做禁食也會帶來很大的影響，是會超過你所能想像的。有些人會固定選擇星期三或星期五禁食一餐。而有些人是某一天禁食一餐，使用這餐禁食的時間來禱告或讀聖經。（這也是很好的方式！）我通常會連續三天禁食一餐，這跟我為了什麼事而禁食是有相關的。如果我需要禁食長一點的時間，那是因為神引導我這樣做，然後我會尋求神賜下恩典讓我能夠順利完成禁食。

十三天的禁食

去年我為一位得了嚴重疾病正在垂死邊緣的朋友禁食了兩週。在這兩週禁食的期間裡，我並沒有看見任何景象或感到有任何不同的地方。整個過程我是依靠信心來禁食。在第十三天下午的時候，我聽見上帝對我說：「你現在可以開始吃一些東西了。」我再次跟神確定這是祂的旨意，（我當然知道這是祂的旨意，只不過我想再確定這是來自神的聲音）當神再次跟我確認之後，我就開始復食了。那天傍晚我的屬靈眼睛被打開，我被帶到一個屬靈綑綁的景象，那正是我這位生病朋友所處的景況。

在靈裡我看見我這位朋友的靈被一個邪靈所綑綁，所以才會他病的這麼重。神引導我問出這邪靈的名字，邪靈也告訴我牠的名字；接著神幫助我綑綁這邪靈然後命令牠離去。當我奉

主的名宣告的時候，這邪靈馬上就離開了。牠看起來非常憤怒，但是他還是服從了這個指令；然後神把我帶回我的家中。在兩週之後，我發現那位被告知只能再活幾個月重病的朋友已經得醫治了，他已經是完全健康的狀態！操練禁食不但打開了我屬靈的眼睛，而給我機會讓我能夠成為神所使用的器皿。沒有任何價值可以比這個經驗更珍貴的了！

我曾提到說，有時候我會讓神來帶領我實行禁食；但是你可以不一定要這要做，你可以操練一天至少禁食一餐或是禁食一天。

如果你說『我要等待神感動我的心，然後我再去禁食。』我可以告訴你，你永遠都不會實行。因為你的心對你所要背負的重擔根本一無所動。
德懷特·萊曼·穆迪（D.L. Moody）

當你用正確的動機來實行禁食時，你的屬靈視野將會往前邁進一大步超過你能預期的。福音佈道家和著名作者凱文·巴斯柯尼（Kevin Basconi），他曾經不斷看到神的使者與他所做的事工一起同工。神的使者們常常到他家進進出出，他們看起來非常的自在。他們參與他的服事，而他也與他們一起同工。在他得到這個恩賜之前，神曾引導他如何連結他與屬靈世界的關係。神是這麼啟示凱文：「讀經和安息自己，並且禁食和持續禱告。」凱文他花了一整季的時間熟讀神的話語、安息自己、禁食和不斷的禱告。他將他這些寶貴的經驗紀錄在他其中一本書裡『與天使共舞』（Dancing with Angels），我們也可以從他書中學習到上帝教導他的方式。

更多近代的見證

大衛·霍甘（David Hogan）

福音傳道家大衛·霍甘（David Hogan）和他的事工團隊每隔一段時間就會有禁食的習慣。當他向神詢問延長他禁食的時間，通常神都會啟示他要禁食四十天。有一次，因為邪靈攻擊導致他的兒子失去視力和聽力；大衛說他連續禁食五天，他沒有吃東西也沒有喝水。他祈求神說：「我絕對不允許我的家人遭受到攻擊。」在他禁食第五天時，神就啟示他要如何擊打邪靈，然後他的兒子就順利被醫治了。

麥海士牧師（Mahesh Chavda）

麥海士牧師曾經在一所治療精神疾病的醫療中心工作，他照顧一位常常會擊打自己臉的男孩。麥海士詢問神：「祢為這可憐的史帝夫有任何解救方式嗎？」上帝告訴他：「除了為他禁食和禱告之外，沒有其它的方式可以幫助他。」於是，麥海士開始為這男孩禁食，他連續禁食十四天沒有吃任何東西，剛開始的前三天甚至連水都沒喝，然後上帝啟示他可以開始進入禱告裡。當麥海士開始為這男孩禱告時，這時男孩突然被超自然的力量從十五英高空中被舉起來，然後他就從他所受的痛苦中完全得釋放了。這種超自然的力量和不可思議的行動是從神而來的。

今年在很多先知訓練營裡，已經開始將禁食和禱告放在一起進行操練，因為這樣會讓他們在靈裡有更清楚的看見。

如果你一直渴慕可以與神的使者一起同工；實行禁食可以消除那些阻擾你的障礙，這樣在你生活中會有更多與天使接觸的機會。
愛默森. 菲爾 L. Emerson Ferrell

禁食是能你為領受屬天恩賜的一個準備……有很多的教會或是個人在實行四十天的禁食中，因此領受到神賜下珍貴的預言。
詹尼芬·富蘭克林（Jenteyen Franklin）

極致迫切的禱告

我曾經前幾章節談到過迫切禱告的重要性。我現在要談的禱告也是類似之前談論的方法，只不過這個禱告方式會更加的強烈些。如果你願意為一件事持續禱告，直到你看突破性的結果為止。禱告所帶來的力量是我們不能用言語或理智去理解的一件事。我們無法明白，禱告帶來的力量和權柄所造成的影響力。

持續禱告直到你看見

有一次上帝啟示凱文·巴斯柯尼（Kevin Basconi），他必須在要去加拿大參加會議的旅途中，必須持續不斷的用方言禱告。在他的「與天使共舞」那本書中有描述這段經歷；他說他在這路途整整十八個小時裡，完全沒有停止方言禱告。他述說在這場會議裡他看見屬靈世界的門在他的頭上方打開，接著他看見神的使者降下且服事在場所有參與會議的人。過不久之後，他看見耶穌也來到他們當中，耶穌服事身旁的一些年輕弟兄們，此外，耶穌也特別來到他身旁為他服事！這個美好的見證已經足夠燃起我操練極致迫切禱告的動力了。有任何人也想要看見耶穌嗎？！

我曾經聽說過很多來自東方國家教會的美好見證，他們是如何禱告和敬拜神。這些教會甚至在每天事工開始運作之前，每天凌晨四點，很早就開始他們的敬拜，而且長達兩個多小時。對他們來說這是很正常的生活。極致的敬拜是很稀鬆平常的事！

在一本由韓國牧師金永都（Yong Doo Kim）牧師所寫的書「被聖靈火施洗」（Baptized by Blazing）的書中分享一個見證；他曾經帶領教會成員整夜的持續禱告和爭戰守夜，而當日參加的一般會友都在當場領受屬靈眼睛被開啟的恩賜，他們可以清楚看見他們正在爭戰的對象和景況，真是非常不可思義！

在早期的教會裡，有一些嚴以律己的修道士們也非常投入在禱告中，他們甚至用鞭打自己的方式或是用柱子支撐自己能持續保持站立姿勢整夜禱告，這樣的方式都是避免讓自己有睡意而睡著。威廉·布蘭罕（William Branham）是一位在靈裡大有能力和恩膏的人，他會去一個很隱密的地方，例如洞穴，然後他可以心無旁鶩的持續向神禱告很多天，直到神的使者出現在他的眼前為止！

約翰·雷克（John G. Lake）是上一個世紀著名的醫治佈道家；他通常會為生病的人禱告好幾個小時或是持續好幾天。不管要花多久時間他願意去做！他所帶來的醫治力量遍及華盛頓州（Washington）的斯波坎市（Spokan），在十九世紀初已經累積數十萬有『紀錄根據』的醫治見證！以下是他闡述為一位瀕臨死亡邊緣徘徊的人禱告見證：

『我持續為他禱告了十六個小時，但是沒有任何結果發生；我的另一位同工也前來一起禱告。這位生病弟兄的女兒祈求我們就讓他父親施打一些嗎啡然後可以讓他死去。』

『當下我站在那裏，看著他身受可怕的抽蓄景象，那雙看起來已顯老化且懸掛在床末端的光腳引起我的注意，突然有一節經文跑進我的腦中；……他代替我們的軟弱（馬太福音 8：17），於是我伸手抬握起他的腳，好像我握住鐵塊一樣的感覺，接下來所發生的事是我們無法用言語所能描述的感受，在當下我從靈裡看見，雖然他靜靜地躺著，但他的身體已經從神身上得醫治了。』

約翰·雷克（John G. Lake）

如果你能從這些人身上學如何禱告，你的屬靈眼睛一定也會被開啟。

連結禁食和禱告

禁食和禱告這兩種型式所帶來的力量是再強大也不過的了！你能夠放棄你身體的需要和你心裡面的慾望（或是你日常的行程），然後你可以專注在禱告上，這樣的力量可以戰勝所有的物質上的需求。

藉著禁食和禱告所帶來的力量，讓我們可以戰勝那些阻擾我們接收生命旨意的干擾，或是那些像山一樣高的障礙影響我們回應基督的呼召！

勝利只有在屬靈世界才算成功，所以這就是為什麼魔鬼要想盡辦法，找機會在你禁食和禱告時干擾你讓你的注意力挪回到屬世世界裡。
麥海士·沙夫拉

這些敬虔的基督跟隨者不管男或女；例如麥海士和邦妮夫婦（Mehesh and Bonnie Chavda），大衛·霍甘（David Hogan）、約翰·雷克（John G. Lake）、凱薩琳·庫爾曼（Kathryn Kuhlman）、凱文·巴斯柯尼（Kevin Basconi）、傑夫·簡森（Jeff Jansen）、海蒂·貝克（Heidi Baker）、蓋瑞和凱西·奧茲夫婦（Gary and Kathi Otes）等等；還有其他擁有屬靈恩賜，在屬靈領域上有洞見的人，他們在信仰生活中也常實行禁食和持續的禱告。他們與神的使者同工，也能看見神或聽見神的聲音。如果我們能向他們學習，我們也能夠和他們一樣！

實際操練步驟

與神國連結

禁食---

盡可能讓自己操練每周禁食兩餐。同時你也可以選一天，當你不太想吃飯時，嘗試禁食一天。如果覺得禁食有點困難，你可以從只吃點小點心或麵包開始，神也會喜悅你願意的態度。祂會一步步協助你，因為祂是我們的幫助。當你已習慣禁食的感覺了，你可以操練斷食一整天，接著延續到三天，甚至到七天。如果你本身有健康方面的問題，你也要注意不要讓自己生病了。當你屬靈眼睛因為禁食而被開啟，除了你會被神所帶領你經歷的超自然事蹟所驚豔之外，你也會更加享受禁食帶給你屬靈裡幫助。

極致迫切的禱告---

選一件事或一個人在你心中需要迫切禱告的，然後你投入比以前兩倍的時間或力量來為這件事禱告。如果你能花一個小時、兩個小時，或者四個小時專心禱告；甚至夜晚醒來，起床繼續禱告。我們在深夜特別能夠與屬靈世界有更深的連結。如果你有一天的時間，你可以花一天的時間禱告，操練用方言禱告連續八個小時。不要抱著緊張的心禱告，也不要把禱告當作是一個工作；如果把禱告當作工作的話，這樣會使你厭煩禱告。在禱告中從頭到尾都保持一顆喜樂的心。而當你做完禱告之後，要讓自己有一顆安靜的心靜靜坐好，也許花大約十分鐘以上來感受神的同在和聽祂的聲音。

要記得將這些禁食和禱告的過程持續紀錄下來，這樣好方便讓你透過紀錄回顧那些做法是適合你，那些是需要修正的。

第十一章

我的屬靈日記

在過去這四、五年裡，我的信仰生活有了極大的改變。我再也不會毫無頭緒的追求與神建立關係。我不會把焦點放在『不犯罪』。這個啟示是神之前親自教導我明白的；如果你專注在不犯罪，其實你還是把焦點放在『罪』上面。當我感覺我有犯罪的可能性或是即使沒有，這都會將我的焦點轉向耶穌基督。任何有可能冒犯上帝的想法都會被驅逐，我想像祂就站在我身旁好像祂可以看透所有我的想法，事實上祂的確可以看透我們的心的。

我一直不斷嘗試操練自己、感受神與我同在，不管我在哪裡或是正在做什麼事情。當你持續的與屬靈世界保持連結，屬靈世界也會持續為你敞開。這些經歷都是從等候神的操練和回顧屬靈日記裡學習到的教導。當你能越多與屬靈世界保持連結，你會越多經歷神超自然的作為。

這就是為什麼我很熱衷於禱告。有時候你身邊的朋友可能會說，你做得『太過火』，他們會這樣說是因為他們對你所做的毫無概念。就像之前有一位朋友曾經留言告訴我，他覺得我寧願花時間禱告也不願意睡覺；我必須要說他說的是沒錯的，我的確如此！

當我預備今晚要等候神，我就會盡可能在下午小睡片刻。然後；我等家人都熟睡之後，我會保持清醒，我會靜靜的在房子裡小聲的禱告或默想。即使我只是睡前坐在我的禱告椅禱告，我總會不斷意識到神的使者此刻是與我同在的。

有時候我的禱告會持續比較長的時間甚至持續到清晨。我

想要再次說明，這樣操練與主親近的生活對我來說並不是一般可有可無的小事。只要你經歷神打開了你的屬靈眼睛或是帶你進入神國裡，或者是讓你看見有神的使者前來服事你、鼓勵你，世上沒有任何事物可以與這樣的恩典相比。我很開心我能『犧牲』我的時間，完全投入在禱告中，目的就是為了看見神差派使者前來啟示我一節經文或是深深感受神此刻與我同在。我想等你真的有這樣的經驗之後，你才會完全明白我表達的意思。

我會檢視我的生活來想辦法增進與神的關係，也包括如何能夠讓我看的更清楚屬靈世界的景況，這時我就會再翻閱我的屬靈日記。在我的日記裡有明確的指示，這讓我明白為什麼有時候我可以有很清楚的看見，有時候卻不行。這個問題唯一的解答就是『時間』。你投入時間的多少影響到你在屬靈裡會有多大的豐收。當我花越多時間尋求神，我越能尋見祂；當我完全投入禱告尋求神蹟發生，我就愈多精力神蹟奇事。當我越渴慕看見，我就看得越多。

我的屬靈家庭

當你渴慕尋求神同在的最大益處是，祂在你家中賜下了和諧的屬靈氛圍。自從多年前我們家齊心一起渴慕尋求打開我們屬靈眼睛，我們就學習將神的旨意擺在第一位，而我們的家也因此充滿了超自然的屬靈氣氛。我無法一一述說我家人們遇見神的種種見證，但是他們每一位都看見且能與神的使者同工。

神的使者們曾經對我的孩子們說話、為他們禱告、給他們啟示，甚至也警告他們將會遇到的危險。他們也曾看見魔鬼惡者來的攻擊，他們能夠靠著權柄把牠們趕出家門或是他們所處的景況中。每一位家人深深感受到神親密與我們同在。耶穌也曾親自向他們顯明；他們親自經歷很多屬天的超自然神蹟奇事和百般的異能。我為我家人所經歷的感到無比的開心，因為我總是告訴神，「祢一定也要帶領我全家來參與這超自然的經歷！」

我在這過程中得到無比的喜樂，所以我嘗試讓我的朋友們和一些我關愛的人能夠一起經歷我所得到的。然而並不是每一個人都能夠接受我所分享的。日前有一位神的使者來啟示我，他是在我父母是傳道人時奉命協助我父母的，他說：「我很樂意服事更多人甚至幫助教會的事工，但是人有自由意識選擇權。他們可以選擇他們所需要的。」沒錯！我們都有自由的選擇權。而我選擇的不是一般的道路，我選擇是讓我生命為神國燃起熱火的生活，一個有神同在的生命。不管祂帶領我到任何地方，我都願意同行。

屬靈日記分享

我想與你分享我自己屬靈日記裡所記載的經歷，這樣你也能夠有一個準確的概念了解在這樣的記錄過程中，你所投入的時間和你經歷屬靈世界的景況。

2011 年 7 月 3 號週五：凌晨 3：30
～4：00，我跪在我的床邊敬拜神，今天感覺有些困難，因為我必須要保持安靜。4：00～5：00
這段時間我用方言禱告，也為安琪（我的女兒）禱告。大約在5：00～5：30，我睡著了，我在靈裡面醒來看見有人近距離的盯著我看。原來那是一位神的使者，他看起來跟我年紀差不多，有一頭長髮。我有強烈的感覺他要帶我到屬靈世界裡去，我知道神正在操練我。

2011 年 6 月 8 號週三：凌晨
1：20，我家的狗把我吵醒了，1：25～2：20
敬拜讚美神。2：20～3：20 我為我的家做爭戰性的禱告，使用約伯書22：28 的內容做潔淨的宣告。3：20 我上樓回到房間，3：20～4：05坐在地板上敬拜神，

4：05～6：50 我做了一些夢。星期三下午當我在基時路 96巷口等紅綠燈時，我看見了一個黃色的球體從西到東穿過十字路口。

2011 年 7 月 4 號週日：深夜 12：00～凌晨 2：00 我在餐桌的地板上禱告且睡著了。

2011 年 7 月 15 號週五：晚上 11：00～凌晨 3：15 我為我的家人禱告，特別是為麥特和安琪（我的孩子）禱告，然後我就上床睡覺了。隔天 16 號週六早上 6：20 起床。在 7：00～8：15 為我家人做爭戰性的禱告。然後我安靜坐在我的禱告椅上，上帝親自開啟了我屬靈眼睛。我再次看見一片面紗，但是這次我看見的面紗上面是有一個很大的破口。

2011 年 11 月 3 號週四：凌晨 3：30～5：00 我坐在禱告椅上禱告，等候神。5：00 進入睡眠中，但是我突然被帶進屬靈世界裡，於是我又醒來跪在床邊繼續禱告。我在屬靈裡被帶到一個退休之家的一位女士房間。上帝告訴我，這裡有一位護理人員故意要捉弄這位女士，所以把這位女士時鐘裡的一個零件藏起來，而這時鐘是這位女士的丈夫生前留給她。上帝帶領我找到這個零件，然後把時鐘給修理好。上帝讓我在這位女士的衣櫥上看到她的照片，並且讓我知道她是誰。

2011 年 11 月 11 號，今天參加柯蘭迪舉辦的特會，神的大能降在戈爾達娜身上。神把手放在她的胸口上，然後搖動她將近兩個小時。戈爾達娜的生命完全被神破碎。

2012 年 2 月 12 號週日：凌晨 2：18～5：00 為家人禱告，特別為孩子做爭戰禱告。我今天做了很多的夢。

2012 年 2 月 13 號週一：我大約在晚上 11 點時上床睡覺，禱告了 10 多分鐘，原本想晚一點在起來禱告，但是沒有成功。

2012 年 3 月 22 號週五：我剛剛結束三天的禁食操練，我

這三天每天持續兩個半小時的禱告和等候神。在星期二完成這天的禁食禱告時，我有注意看了一下時間，大約是在凌晨4：44，總之我躺在床上準備入睡，突然之間我聽到有人在喊我的名字：「麥克！麥克！」我知道不可能有人這個時間跑進我的睡房裡，我感覺我的腎上腺素上升，馬上下床去看怎麼一回事。原來是神的使者在呼喚我。他帶了一籃麵包等著我，他看起來分常友善、高大且很有威嚴的樣子，而他很有幽默感。他跟我分享他目前的事工。

當我回頭去翻閱我的屬靈日記時，我發現當我投入超過幾個小時以上的禱告，我的屬靈眼睛就會被打開。而當我花比較少時間禱告時，我只能偶然碰到一些神蹟或是完全錯過神要給我的啟示。如果我又花更少的時間禱告，期待屬靈眼睛被開啟的機會更是少之又少。

我並不是處於隨時都能看見屬靈世界的景況。立維爾·強森（Neville Johnson）和強納森·威頓（Jonathon Welton）都曾經描述過，他們能夠同時見到屬靈和屬世世界的兩種景況，而這也是我一直向神祈求的。我相信神是帶領我往我所尋求的目標去，而在這特別的世代裡，我相信神也是帶你往同樣一個目標前進。

我真的誠心鼓勵你可以照著我書上所分享的一些步驟來操練。如果你可以這樣一步步的操練，你一定可以看見屬靈的世界。我並沒有隱藏任何不可告人或是過於複雜的操練方法不讓你知道的。一旦你的屬靈眼睛被開啟，那就很容易維持你和屬靈世界的連結；然後你會發現你投入很多時間在屬靈世界裡，因為在屬靈世界所經歷的帶給你無比的喜樂。

特別的祝福

所以現在你可以明瞭，能成為一個在屬靈裡有看見的人並不難。只要你下定決心，任何人都可以在屬靈裡有清楚的看見。這個決心是你必須自己做選擇的，然後努力去實踐。我很久以前曾經聽過一段話是這樣說的：

「做一件事要成功是簡單的。去尋找在這方面很有成就的人，詢問他們成功的原因和他們所付出的代價，然後你也付出同等的代價！」

我是真的真心告訴你，追求屬靈的眼睛被開啟是值得你付出代價的。

我為你向神祈求，我們的神，耶穌基督親自打開你屬靈的眼睛，你的屬靈眼睛將被完全開啟且有清楚的看見，這是你從未想像過的美好。我祈求神賜給你恩典和力量，讓你能夠走在神國滿滿的恩典和榮耀中。我祈求且願神大大恩膏你，將祂賜給我的恩賜和能力也同樣加倍給你。我也願意給你一切我走在屬靈世界裡的經歷和能力，這樣的禱告祈求是奉我主耶穌基督之名，阿門！願上帝賜福你！

麥克

打開屬靈的眼睛

為什麼要安靜在神裡，而想像力是開啟屬靈眼睛的關鍵？
什麼時候我才會得到最大的果效？
有誰會願意幫助和帶領我？
到底是什麼遮蔽了我屬靈的眼睛？我要如何挪去這些阻礙？

如果能夠讓我們的屬靈眼睛被開啟，然後清楚看見屬靈世界的景況，這是讓人很開心且具有深遠意義的一件事，這對我們來說也是如此美好的經歷。

在我屬靈眼睛被開啟之後，我花很多年的時間去收集相關訊息；這些寶貴的信息都是從這世界上有屬靈恩膏的基督徒身上得來的，從他們身上所分享的美好經驗中我學到了兩件很重要的教導：

1. 如何打開我們屬靈的眼睛
2. 任何人都可以做到……**任何人**

我們不再去看那些我們能看見的，而是專注去看那些我們看不見的，因為那些看的見的事物都是短暫的，而看不見的事物則是永恆的。參考哥林多後書 4：18

麥可·凡·菲力門
居住在美國印第安納州的卡梅爾市 (Carmel, Indiana USA)
他喜愛藝術、音樂和紀錄神啟示性話語